Marjane Satrapi

Persepolis

3

L'Association

collection
ciboulette

 # LA SOUPE

NOVEMBRE 1984. JE SUIS EN AUTRICHE. J'ÉTAIS VENUE LÀ DANS L'IDÉE DE QUITTER L'IRAN RELIGIEUX POUR UNE EUROPE LAÏQUE ET OUVERTE ET QUE ZOZO, LA MEILLEURE AMIE DE MA MÈRE, M'AIMERAIT COMME SA PROPRE FILLE.

SEULEMENT VOILÀ ! ELLE ME DÉPOSA DANS UNE PENSION DE BONNES SŒURS.

MA CHAMBRE ÉTAIT PETITE ET POUR LA PREMIÈRE FOIS DE MA VIE, JE DEVAIS PARTAGER MON ESPACE AVEC UNE AUTRE PERSONNE.

JE NE L'AVAIS PAS ENCORE RENCONTRÉE. ON M'AVAIT JUSTE DIT QU'ELLE S'APPELAIT LUCIA.

JE ME DEMANDAIS À QUOI ELLE RESSEMBLAIT.

L'EUROPE, LES ALPES, LA SUISSE, L'AUTRICHE... J'EN AI DÉDUIT QUE C'ÉTAIT UNE SORTE DE HEIDI.

ÇA ME CONVENAIT ASSEZ. J'AIMAIS BIEN HEIDI.

ÇA FAISAIT ONZE JOURS QUE J'ÉTAIS À VIENNE. ZOZO ET SA FILLE CHIRINE, QUE J'AVAIS CONNUES DURANT MON ENFANCE, ÉTAIENT VENUES ME CHERCHER À L'AÉROPORT.

CHIRINE ÉTAIT COMME DANS MES SOUVENIRS. PAR CONTRE, JE DÉCELAIS QUELQUE CHOSE D'ANTIPATHIQUE DANS LE REGARD DE SA MÈRE.

TU N'AS PAS BEAUCOUP CHANGÉ. SI! MAINTENANT TU AS LES CHEVEUX LONGS!!

TOI NON PLUS. TU ES PAREILLE.

ÇA VA ÊTRE COOL D'ALLER À L'ÉCOLE SANS VOILE, DE NE PAS SE TAPER TOUS LES JOURS POUR LES MARTYRS DE LA GUERRE...

?

TU AS VU? ÇA C'EST SUPER À LA MODE. C'EST POUR PROTÉGER LES OREILLES DU FROID. TU VEUX L'ESSAYER?

NON MERCI!

ÇA, C'EST MON STYLO PARFUM FRAMBOISE MAIS J'EN AI AUSSI À LA FRAISE ET À LA MÛRE.

TU VEUX METTRE DU ROUGE À LÈVRES? J'ADORE CE ROSE NACRÉ. C'EST TROP IN!!!

PFFF...

QUELLE TRAÎTRESSE! ALORS QUE LES GENS MOURAIENT DANS NOTRE PAYS, ELLE ME PARLAIT DE CHOSES FUTILES.

...J'AI VÉCU DIX JOURS CHEZ EUX. C'ÉTAIT DES DISPUTES AU QUOTIDIEN.

BONJOUR MA CHÉRIE ! TIENS, C'EST POUR TOI !

ESPÈCE D'INCAPABLE ! JE TRAVAILLE COMME UNE FOLLE POUR QUE MONSIEUR CLAQUE LE FRIC DANS DES FLEURS !!

MAIS ZOZO, C'EST NOTRE ANNIVERSAIRE DE MARIAGE.

TU M'OFFRIRAS TOUT CE QUE TU VOUDRAS QUAND TU AURAS GAGNÉ DE L'ARGENT ! J'EN AI ASSEZ !!

À TÉHÉRAN, ZOZO ÉTAIT LA SECRÉTAIRE DE SON MARI HOUSHANG,

À VIENNE, ELLE DEVINT COIFFEUSE.

C'EST D'AILLEURS ELLE QUI COUPA MES CHEVEUX LONGS.

QUANT À HOUSHANG LE MARI DE ZOZO, IL ÉTAIT PDG EN IRAN,

EN AUTRICHE, IL NE DEVINT RIEN.

EN RAISON D'UNE DOUZAINE DE MAUVAIS INVESTISSEMENTS, HOUSHANG AVAIT PERDU TOUT SON CAPITAL. " ON L'AVAIT ROULÉ !" J'AI ENTENDU ÇA LORS D'UNE DE LEURS QUERELLES HABITUELLES.

JE T'AI VU AU CAFÉ AVEC CES DEUX SALAUDS ! IL FAUT QU'ILS TE PIQUENT TES VÊTEMENTS POUR QUE TU TE RENDES COMPTE DE LEUR INGRATITUDE !

MOI J'AVAIS HONTE. JE N'AVAIS JAMAIS VU MES PARENTS SE CHAMAILLER POUR DES HISTOIRES D'ARGENT.

PROBABLEMENT PARCE QUE MON PÈRE N'ÉTAIT PAS UN INCAPABLE...

ET AU BOUT DE CES DIX JOURS...

MARJANE, J'AI PARLÉ À TA MÈRE.

NOTRE APPARTEMENT, COMME TU AS PU LE CONSTATER, EST TROP PETIT. JE T'AI TROUVÉ UNE PENSION DANS UN BEAU QUARTIER DE VIENNE, PRÈS DE RATHAUS.

ELLE EST TENUE PAR DES BONNES SOEURS. LA MÈRE SUPÉRIEURE ET QUELQUES NONNES PARLENT COURAMMENT FRANÇAIS.

ON Y VA QUAND?

TOUT DE SUITE. VA FAIRE TA VALISE.

LES BONNES SOEURS, J'EN CONNAISSAIS. EN CP, J'ÉTAIS À L'ÉCOLE JEANNE D'ARC À TÉHÉRAN. CELLES QUE J'AVAIS FRÉQUENTÉES ÉTAIENT BIEN FÉROCES.

TU VIENDRAS NOUS VOIR LES WEEK-ENDS. ON IRA FAIRE DU PATIN À GLACE.

OUAIS OUAIS...

MALGRÉ TOUT, J'ÉTAIS CONTENTE DE PARTIR DE CHEZ EUX. JE SERAIS AINSI DÉBARRASSÉE DE ZOZO LA MÉCHANTE ET DE CHIRINE LA NIAISE.

LE SEUL QUI ALLAIT ME MANQUER ÉTAIT HOUSHANG. JE VOYAIS EN LUI UN DÉFENSEUR,

FAIS ATTENTION À TOI.

OUI ONCLE HOUSHANG.

LUI EN MOI UNE ALLIÉE.

BON! ÇA SUFFIT. ON Y VA!

ET NOUS SOMMES PARTIES...

VOILÀ TA NOUVELLE MAISON.

IL FAUT IMPÉRATIVEMENT RENTRER À 21H30, APRÈS QUOI LA PORTE SERA FERMÉE.

VOILÀ MADEMOISELLE. ICI, C'EST VOTRE CHAMBRE. VOUS LA PARTAGEREZ AVEC LUCIA. ELLE ARRIVE TANTÔT.

VOUS VERREZ, VOUS SEREZ BIEN CHEZ NOUS. VOUS ÊTES DE QUELLE CONFESSION ?

D'AUCUNE

OH !

LA CUISINE COLLECTIVE,

LES DOUCHES,

POUR FAIRE VOS COURSES, VOUS POUVEZ ALLER CHEZ "ALDI". EN SORTANT À GAUCHE, LINKS ! *

LINKS !

MAINTENANT J'AVAIS UNE VRAIE VIE D'ADULTE INDÉPENDANTE. J'ALLAIS ME FAIRE À MANGER, M'OCCUPER DE MON LINGE...

... JE ME SUIS PRÉCIPITÉE VERS LE SUPERMARCHÉ POUR FAIRE LES COURSES COMME UNE FEMME.

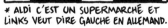

* ALDI C'EST UN SUPERMARCHÉ ET LINKS VEUT DIRE GAUCHE EN ALLEMAND.

ÇA FAISAIT QUATRE ANS QUE JE N'AVAIS PAS VU UN MAGASIN AUSSI BIEN ACHALANDÉ.

LE PREMIER RAYON VERS LEQUEL JE ME SUIS DIRIGÉE ÉTAIT CELUI DES LESSIVES PARFUMÉES.

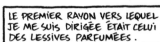

ON N'EN TROUVAIT PLUS DU TOUT EN IRAN.

J'AI REMPLI LE CADDIE DE TOUTES SORTES DE PRODUITS.

MÊME AUJOURD'HUI, APRÈS TOUT CE TEMPS, ON PEUT TOUJOURS TROUVER CHEZ MOI AU MOINS UNE DIZAINE DE BOÎTES DE DÉTERGENT AROMATISÉ.

VU MON BUDGET RESTREINT, J'AI PRIS DEUX PAQUETS DE PÂTES.

JE NE SAVAIS PAS ENCORE QUE CE SERAIT MON UNIQUE NOURRITURE PENDANT LES QUATRE ANNÉES À VENIR.

J'AI DONNÉ UN BILLET DE CENT SCHILLINGS. HEUREUSEMENT C'ÉTAIT SUFFISANT, SINON J'AURAIS EU HONTE.

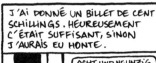

ACHT UND NEUNZIG DREIZIG BITTE!

JE LUI AI OFFERT DES PISTACHES QUE J'AVAIS RAMENÉES AVEC MOI. C'ÉTAIT MON ONCLE QUI M'EN AVAIT FAIT CADEAU. UNE SPÉCIALITÉ DU PAYS QUE L'ON OFFRE SOUVENT QUAND QUELQU'UN PART À L'ÉTRANGER. NOUS ESTIMONS QUE NOS PISTACHES SONT LES MEILLEURES DU MONDE...

...COMME BEAUCOUP D'AUTRES CHOSES D'AILLEURS.

LUCIA, ELLE, ME PRÉPARA UNE SOUPE KNORR, "CRÈME DE CHAMPIGNONS".

JE N'AIMAIS PAS TROP.

J'ÉTAIS CONTENTE. JE PARLAIS ALLEMAND.

NOUS SOMMES DONC ALLÉES À LA SALLE DE TÉLÉ QUI SE TROUVAIT AU REZ-DE-CHAUSSÉE.

ELLES REGARDAIENT UN FILM. TOUT LE MONDE SEMBLAIT S'AMUSER. SAUF MOI! J'ENTENDAIS DES "ACH" ET DES "OCH", DES "ICH", DES "MICH", MAIS RIEN QUE JE PUISSE COMPRENDRE.

J'AI DÉCIDÉ DE PARTIR DISCRÈTEMENT.

ELLE NE M'A MÊME PAS RÉPONDU.

TYROL

TOUS LES MATINS, J'ÉTAIS TIRÉE DU SOMMEIL PAR LE BRUIT DU SÈCHE-CHEVEUX DE LUCIA.

C'ÉTAIT MON RÉVEIL À MOI. PROGRAMMÉ À 6H30 PILE.

BONJOUR!

C'EST ÇA!

HALLO!

RÉVEILLÉE PAR UN SÈCHE-CHEVEUX POUR ME RENDRE ENSUITE DANS UNE ÉCOLE OÙ JE N'AVAIS PAS D'AMIS.

SALUT!

SALUT!

SALUT!

SALUT!

SALUT!

MAIS C'ÉTAIT NORMAL. J'ARRIVAIS AU MILIEU DU TRIMESTRE ET LES GROUPES ÉTAIENT DÉJÀ FORMÉS.

ET PUIS IL Y A EU CE PREMIER CONTRÔLE DE MATH. JE ME SUIS FAIT REMARQUER PAR MON BON NIVEAU.

SATRAPI! BRAVO! EXCELLENT TRAVAIL. JUSTE UNE ERREUR VOUS A COÛTÉ UN DEMI-POINT. VOUS AVEZ 19,5.

OH PUTAIN!

CETTE NOTE M'A VALU UNE CERTAINE ATTENTION. JE FUS TRÈS SOLLICITÉE POUR LES DEVOIRS DE MATH.

ENSUITE JE ME SUIS MISE À CARICATURER LES PROFESSEURS. J'AVAIS L'HABITUDE DE LE FAIRE EN IRAN AVEC MES ENSEIGNANTES.

À LA DIFFÉRENCE QU'ELLES ÉTAIENT VOILÉES, DONC BEAUCOUP PLUS SIMPLES À DESSINER.

LES PORTRAITS M'ATTIRÈRENT AUSSI DE LA SYMPATHIE.

PAR AILLEURS MES ERREURS EN FRANÇAIS FIRENT DE MOI UN VRAI SUJET D'ATTRACTION. (CELA FAISAIT TROIS ANS QUE JE NE PRATIQUAIS PLUS LA LANGUE APRÈS LA FERMETURE DES ÉCOLES BILINGUES PAR LE GOUVERNEMENT ISLAMIQUE).

COMMENT ON DIT LE TRUC EN TRIANGLE, LÀ, COMME UNE RÈGLE?*

QUEL TRUC?

*JE VOULAIS DIRE UNE ÉQUERRE

MAIS LE TRUC QUOI! TU SAIS, LE ZOB!

AH OUI! ON DIT UN ZOB.

UN ZOB?

TU PEUX ME PRÊTER TON ZOB?

?!!

HA! HA! HA! HA!

BREF, ENFIN J'EXISTAIS.

LES CHOSES ÉVOLUAIENT. AU BOUT DE QUELQUE TEMPS, JULIE, LA FILLE TACITURNE DU DEUXIÈME RANG, S'INTÉRESSA À MOI. C'ÉTAIT UNE FRANÇAISE DE DIX-HUIT ANS DANS UNE CLASSE DE TROISIÈME OÙ LA MOYENNE D'ÂGE ÉTAIT DE QUATORZE ANS.

J'AI COMPRIS PLUS TARD QUE CETTE RÉSERVE VENAIT DU FAIT QU'ELLE CONSIDÉRAIT LES AUTRES COMME DES ENFANTS GÂTÉS. MOI, J'ÉTAIS DIFFÉRENTE. J'AVAIS CONNU LA GUERRE.

ELLE ME PRÉSENTA MOMO. IL ÉTAIT EN PREMIÈRE.

VOILÀ MARJANE. ELLE EST IRANIENNE. ELLE A CONNU LA GUERRE.

LA GUERRE?

ENCHANTÉE!

TU AS DÉJÀ VU BEAUCOUP DE MORTS?

EUH... QUELQUES-UNS.

BALAISE!

MOMO EMBRASSAIT TOUT LE MONDE D'UNE FAÇON PARTICULIÈRE.

MMM...   ...MMM

C'EST D'AILLEURS LUI QUI M'EMBRASSA POUR LA PREMIÈRE FOIS SUR LA BOUCHE.

... PAR MOMO, J'AI CONNU THIERRY ET OLIVIER, DEUX ORPHELINS SUISSES QUI VIVAIENT EN AUTRICHE AVEC LEUR ONCLE DIPLOMATE.

MOI AUSSI JE SUIS UN PEU ORPHELINE.

TES PARENTS SONT MORTS?

NON, ILS SONT EN IRAN.

LE FAIT DE VIVRE SANS MES PARENTS CONVENAIT AUSSI À JULIE.

UNE ALLUMÉE, UN PUNK, DEUX ORPHELINS ET UNE TIERS-MONDISTE, VOILÀ QUI FAISAIT UNE BELLE BANDE DE COPAINS. EUX S'INTÉRESSAIENT À MON HISTOIRE. SURTOUT MOMO ! IL ÉTAIT FASCINÉ PAR LA VISION DE LA MORT.

LES VACANCES DE NOËL APPROCHAIENT. TOUT LE MONDE PARLAIT DE SES PROJETS.

QU'EST-CE QUE JE VAIS M'EMMERDER AVEC MES PARENTS À NICE.

LES ÎLES FIDJI

BORA BORA

CHICAGO

NOËL EST UNE INVENTION AMÉRICAINE. LE PÈRE NOËL HABILLÉ EN ROUGE ET BLANC ÉTAIT LA MASCOTTE DE COCA-COLA.

C'EST UN BON FONDS DE COMMERCE.

BARCELONE

HONDURAS

MOI, JE RETOURNE VOIR MON PÈRE EN FRANCE.

PERSONNELLEMENT, JE VAIS CHEZ MA GRAND-MÈRE À SALZBOURG. C'EST LA SEULE DE MA FAMILLE QUI SOIT ENCORE POTABLE.

NOUS ALLONS NOUS FAIRE CHIER DANS LES ALPES.

OUI, ON VA SKIER, ÇA VA ÊTRE COOL!

VOUS SAVEZ, EN IRAN ON NE FÊTE PAS NOËL...

VOUS ALLEZ SKIER? C'EST CHOUETTE!!

ON S'EN FOUT UN PEU.

notre nouvel an est le 21 mars, le ..., ...

OUI

JE SERAI À ANNECY. ON SERA VOISINS. ON POURRA PEUT-ÊTRE SE VOIR.

VENDREDI 22 DÉCEMBRE 1984. LES RUES ÉTAIENT BONDÉES. LA FRÉNÉSIE DE NOËL AVAIT CONTAMINÉ TOUT LE MONDE. JE PENSAIS À THIERRY QUAND IL PARLAIT DU "GRAND FONDS DE COMMERCE".

MA RUE, ELLE, ÉTAIT DÉSERTE. IL N'Y AVAIT PAS DE MAGASIN.

QU'EST-CE QUE JE VAIS FAIRE TOUTE SEULE PENDANT DEUX SEMAINES ? MÊME LA PENSION SERA VIDE.

EN RENTRANT, J'AI TROUVÉ LUCIA. TOUJOURS FIDÈLE À SON POSTE.

ÇA VA ?

ÇA N'A PAS L'AIR D'ALLER. JE SAIS! CE N'EST PAS FACILE DE PASSER NOËL SANS SA FAMILLE.

NOËL? NON, CE N'EST PAS ÇA.

DEMAIN JE PARS AVEC MA TANTE. JE PENSE QU'IL Y A DE LA PLACE DANS SA VOITURE. SI TU VEUX, TU PEUX VENIR AVEC NOUS.

OÙ ÇA?

AU TYROL!

TYROL?

♫ TYRLIA, TYRLIO, TYRL HOU! HOU! ♫♪

HA! HA! HA!

TU SAIS! SI TU VIENS, IL NE FAUT SURTOUT PAS PARLER DE KLAUS.

KLAUS?

MON PETIT COPAIN.

AH!

LA FAMILLE DE LUCIA ÉTAIT CATHOLIQUE TRÈS TRÈS PRATIQUANTE.

SI TU VEUX QUE JE ME TAISE, TU DOIS ARRÊTER DE ME RÉVEILLER AVEC TON SÈCHE-CHEVEUX.

JAWOHL!

LE LENDEMAIN, LA TANTE DE LUCIA PASSA NOUS PRENDRE.

ALLONS-Y MES ENFANTS.

ET NOUS PARTÎMES VERS LE SUD-OUEST DE L'AUTRICHE.

LES PARENTS DE LUCIA ÉTAIENT INVRAISSEMBLABLES. ILS NE CORRESPONDAIENT À RIEN QUE JE CONNAISSE. SON PÈRE DU TYROL AUTRICHIEN PORTAIT UNE CULOTTE DE PEAU. SA MÈRE DU TYROL ITALIEN AVAIT UNE MOUSTACHE. SEULE SA SŒUR ME RAPPELAIT HEIDI.

APRÈS LE DINEKH, NOUS IKHONS À L'ÉGLIZZ.

JA!

AAA!!!

LEUR ALLEMAND ÉTAIT DIFFICILE À COMPRENDRE.

ET EFFECTIVEMENT NOUS ALLÂMES À L'ÉGLISE POUR LA MESSE DE MINUIT.

ÇA S'EST TERMINÉ À 3H DU MATIN!

LA FAMILLE DE LUCIA N'AVAIT JAMAIS VU D'IRANIENS. J'ÉTAIS DONC INVITÉE TOUS LES JOURS PAR UN ONCLE OU UNE TANTE QUI VOULAIT FAIRE MA CONNAISSANCE.

C'EST BON? TU AIMES?

OUI

MON ALLEMAND ÉTAIT RUDIMENTAIRE, LE LEUR ORIGINAL. UN COUSIN QUI AVAIT PASSÉ QUATRE ANS EN SUISSE FRANCOPHONE SE FAISAIT UN PLAISIR DE ME SERVIR DE TRADUCTEUR.

ELLE DIT QU'ELLE A BIEN MANGÉ

ELLE DIT QU'ELLE AIME BEAUCOUP LE TYROL.

LE DESSERT!

ELLE DIT QUE LES TYROLIENS SONT TRÈS SYMPATHIQUES.

ILS DISENT QU'ILS T'AIMENT BIEN AUSSI.

ON PARLAIT DE TOUT ET DE RIEN.

C'EST SUPER D'AVOIR DES AMIS INTERNATIONAUX.

JAAA

CONTRAIREMENT AUX SUJETS DE CONVERSATION PRÉFÉRÉS DE MES AMIS DU LYCÉE, NOUS N'ÉVOQUIONS JAMAIS NI LA GUERRE, NI LA MORT.

ENFIN LE JOUR DU DÉPART ARRIVA.

COMME TU SAIS, JE SUIS ÉBÉNISTE. J'AI FABRIQUÉ CE CADRE SPÉCIALEMENT POUR TOI.

SCHATZI*, UNE POMME D'AMOUR ET DES FRUITS POUR LA ROUTE.

J'AVAIS DE NOUVEAUX PARENTS ...

... LUCIA ÉTAIT MA SŒUR.

APRÈS CE VOYAGE, JE NE ME SUIS PLUS JAMAIS PLAINTE DE SON SÈCHE-CHEVEUX.

* CHÉRIE

LES PÂTES

BAKOUNINE ALLAIT À L'ENCONTRE DE MARX.

C'EST QUI BAKOUNINE?

QUOI? TU NE CONNAIS PAS BAKOUNINE?

...

C'ÉTAIT UN ANARCHISTE.

NON! C'ÉTAIT L'ANARCHISTE!

ENFIN... VIVEMENT LES VACANCES.

ENCORE DES VACANCES??

?

POUR MOI, NE PLUS ALLER À L'ÉCOLE ÉTAIT SYNONYME DE SOLITUDE, SURTOUT DEPUIS QUE LUCIA PASSAIT TOUT SON TEMPS AVEC SON COPAIN KLAUS.

TU AS UN PROBLÈME AVEC LES VACANCES?

NON! TU COMPRENDS, CHEZ MOI, NOUS AVONS DEUX SEMAINES DE REPOS POUR LE NOUVEL AN ET APRÈS IL FAUT ATTENDRE L'ÉTÉ.

TU VAS T'HABITUER. GRÂCE À LA GAUCHE, IL Y A DES CONGÉS EN EUROPE. ON N'EST PAS OBLIGÉ DE TRAVAILLER TOUT LE TEMPS.

QUEL RAPPORT?

SI AU DÉBUT DU SIÈCLE, LES ANARCHISTES AVAIENT VAINCU, ON NE BOSSERAIT PLUS DU TOUT! L'HOMME N'EST PAS FAIT POUR LE TRAVAIL.

ALLEZ, RELAX, PROFITES-EN! CULTIVE-TOI! TU NE CONNAIS MÊME PAS BAKOUNINE!

CONNARD...

ET TOI, TU VAS SKIER?

OUAIS... COMME D'HABITUDE.

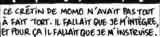

CE CRÉTIN DE MOMO N'AVAIT PAS TOUT À FAIT TORT. IL FALLAIT QUE JE M'INTÈGRE, ET POUR ÇA IL FALLAIT QUE JE M'INSTRUISE.

ALORS, JE ME SUIS FAIT UNE RAISON.

TU VAS OÙ EN VACANCES?

NULLE PART. JE VAIS LIRE. J'ADORE ÇA.

EN PLUS, C'ÉTAIT UNE RÉPONSE BIEN PRATIQUE À CETTE SEMPITERNELLE QUESTION "OÙ VAS-TU?", TOUT EN ME DONNANT UN GENRE.

ILS SONT DONC PARTIS SKIER ET MOI, JE ME SUIS MISE À LIRE. J'AI DÉBUTÉ PAR BAKOUNINE. J'AI APPRIS QU'IL ÉTAIT RUSSE, QU'IL AVAIT ÉTÉ EXCLU DE LA PREMIÈRE INTERNATIONALE ET QU'IL REJETAIT TOUTE AUTORITÉ, SURTOUT CELLE DE L'ÉTAT.

À PART ÇA, JE N'AI PAS COMPRIS GRAND-CHOSE À SA PHILOSOPHIE, COMME SÛREMENT MOMO.

PUIS, J'AI ÉTUDIÉ L'HISTOIRE DE LA COMMUNE.

J'EN AI DÉDUIT QUE LA DROITE FRANÇAISE DE CETTE ÉPOQUE VALAIT BIEN LES INTÉGRISTES DE MON PAYS.

ENSUITE, JE ME SUIS INTÉRESSÉE À SARTRE, L'AUTEUR FAVORI DE MES CAMARADES.

LA NOTION D'ÊTRE PROVIENT DE L'EXPÉRIENCE VÉCUE PAR L'HOMME.

JE L'AI TROUVÉ UN PEU AGAÇANT...

QUAND J'EN AVAIS ASSEZ DE LIRE, J'ALLAIS AU SUPERMARCHÉ.

IL FAISAIT TELLEMENT FROID QUE J'EUS L'IDÉE D'ENFILER MA COMBINAISON DE SKI, RAPPORTÉE DE TÉHÉRAN, POUR SORTIR.

AINSI FAGOTÉE DANS VIENNE, JE ME SENTAIS SUR LES PISTES D'INNSBRÜCK, PROCHE DE MES AMIS.

JE M'ENNUYAIS TELLEMENT QUE POUR ACHETER QUATRE PRODUITS DIFFÉRENTS, J'ALLAIS AU MOINS QUATRE FOIS AU SUPERMARCHÉ.

MA PENSION

ALDI AL

LE SUPERMARCHÉ

SI J'AVAIS PU M'AMUSER UN PEU, JE CROIS QUE JE N'AURAIS JAMAIS AUTANT LU.

POUR M'INSTRUIRE, IL FALLAIT QUE JE COMPRENNE TOUT. EN COMMENÇANT PAR MOI. MÊME: MOI, MARJI, LA FEMME. JE ME SUIS ALORS LANCÉE DANS LA LECTURE DE L'OEUVRE PRÉFÉRÉE DE MA MÈRE.

LES MANDARINS DE SIMONE DE BAVAR.

NON! BEAUVOIR

J'AI LU LE DEUXIÈME SEXE. SIMONE EXPLIQUAIT QUE SI LES FEMMES FAISAIENT PIPI DEBOUT, LEUR CONCEPTION DE LA VIE CHANGERAIT.

ASSISE, C'ÉTAIT BIEN PLUS SIMPLE. DE PLUS, EN TANT QU'IRANIENNE, AVANT D'URINER COMME UN HOMME, IL FALLAIT QUE J'APPRENNE À DEVENIR UNE FEMME LIBÉRÉE ET ÉMANCIPÉE.

ELLE M'EN AVAIT LU DES EXTRAITS, MAIS J'ÉTAIS UN PEU JEUNE.

... ??

ALORS J'AI ESSAYÉ. ÇA COULAIT LÉGÈREMENT SUR MA JAMBE GAUCHE. C'ÉTAIT UN PEU DÉGOÛTANT.

ET PUIS VINT CE JOUR. CE FAMEUX JOUR DU MOIS DE FÉVRIER OÙ JE PRÉPARAIS MES ÉTERNELS SPAGHETTIS.

J'AVAIS TRÈS FAIM. TELLEMENT FAIM QU'UNE ASSIETTE N'AURAIT PAS SUFFI À ME RASSASIER.

JE SUIS DESCENDUE AVEC MA CASSEROLE POUR REGARDER LA TÉLÉ DANS LE RÉFECTOIRE.

J'ADORAIS ÇA. CHEZ MES PARENTS, C'ÉTAIT STRICTEMENT INTERDIT. ILS DIFFUSAIENT L'INSPECTEUR DERRICK. LES BONNES SOEURS L'AIMAIENT BEAUCOUP.

QUAND SOUDAIN LA MÈRE SUPÉRIEURE OBSTRUA MON CHAMP DE VISION.

UN PEU DE RETENUE MADEMOISELLE !

MAIS ICI, TOUT LE MONDE REGARDE LA TÉLÉ EN MANGEANT !

MAIS PAS DANS UNE CASSEROLE ! QU'EST-CE QUE C'EST QUE CES MANIÈRES ?

C'EST VRAI CE QU'ON DIT SUR LES IRANIENS. ILS N'ONT VRAIMENT AUCUNE ÉDUCATION.

C'EST VRAI AUSSI CE QU'ON DIT SUR VOUS. VOUS ÉTIEZ TOUTES DES PROSTITUÉES AVANT DE DEVENIR BONNES SOEURS !

JE FUS CONVOQUÉE CHEZ L'ADJOINTE DE LA MÈRE SUPÉRIEURE QUI NE VOULAIT PLUS ME RECEVOIR.

APPROCHEZ !

C'EST INACCEPTABLE CE QUE VOUS AVEZ DIT À MÈRE BIRGIT !

ET CE QU'ELLE M'A DIT, VOUS TROUVEZ ÇA ACCEPTABLE ?

VOUS ÊTES RENVOYÉE. JE VAIS APPELER MADAME L'AMIE DE VOTRE MÈRE POUR QU'ELLE VIENNE VOUS CHERCHER.

CE N'EST PAS LA PEINE. J'AI DES AMIS QUI POURRONT TRÈS BIEN S'OCCUPER DE MOI.

JE PENSAIS À JULIE.

VOUS DEVRIEZ AVOIR HONTE DE VOUS !

VOUS AUSSI !

TAISEZ-VOUS INSOLENTE. COMME VOUS AVEZ PAYÉ, VOUS POUVEZ RESTER JUSQU'À LA FIN DU MOIS.

...

VOUS N'AVEZ RIEN À ME DIRE ?

...

PARDON ?

خفة أقل و سمعك

J'AI DIT MERCI !

DANS TOUTES LES RELIGIONS, ON TROUVE LES MÊMES EXTRÉMISTES.

JE N'AI PAS ATTENDU LA FIN DU MOIS. QUELQUES JOURS PLUS TARD, J'AI APPELÉ JULIE.

ELLES M'ONT VIRÉE. JE NE SAIS PAS QUOI FAIRE.

NE QUITTE PAS UNE MINUTE. JE VAIS DEMANDER À MA MÈRE SI TU PEUX VENIR HABITER ICI.

ELLE DIT QU'ELLE EST RAVIE DE T'ACCUEILLIR!

AH JULIE! MERCI!!

J'AI REPRIS MA VALISE.

J'AI DIT ADIEU À LUCIA QUE JE N'AI PLUS JAMAIS REVUE.

LES BONNES SOEURS ENVOYÈRENT UNE LETTRE À MES PARENTS...

... LEUR EXPLIQUANT QU'HUMILIÉE D'AVOIR ÉTÉ PRISE EN FLAGRANT DÉLIT DE VOL DE YAOURT AUX FRUITS, J'AVAIS DÉCIDÉ DE QUITTER LA PENSION DE MON PLEIN GRÉ.

QU'EST-CE QUE C'EST QUE CETTE HISTOIRE? ELLE DÉTESTE LES YAOURTS AUX FRUITS.

JE NE COMPRENDS PAS.

HEUREUSEMENT MES PARENTS CONNAISSAIENT MES GOÛTS.

AH LES MENTEUSES!... ELLES AURAIENT QUAND MÊME PU TROUVER UNE MEILLEURE EXCUSE.

LA LECTURE NE SUFFISAIT PAS. POUR M'INTÉGRER, J'AVAIS ENCORE UN LONG CHEMIN À FAIRE.

 # LA PILULE

MON NOUVEAU FOYER ÉTAIT BIEN PLUS CONFORTABLE QUE LA PENSION. JE PARTAGEAIS LA CHAMBRE DE JULIE.

TU VEUX QUE J'AILLE TRAVAILLER AILLEURS ?

BOUGE PAS, JE SUIS JUSTE PASSÉE PRENDRE MA VESTE.

FIGURE-TOI QUE J'AI RENDEZ-VOUS AVEC ERNST, LE PATRON DU CAFÉ SCHELTER.

LE PATRON ?

MAIS IL A QUEL ÂGE LE PATRON ?

VINGT-SIX ANS.

VINGT-SIX ANS ??

OUI... MÛR COMME JE LES AIME.

ALLEZ, JE FILE.

TU AS FAIT TES DEVOIRS ?

SALUT MAMAN !

JULIE, OÙ EST-CE QUE TU VAS ?

ET LES BONNES SŒURS QUI ME TROUVAIENT INSOLENTE... SI SEULEMENT ELLES AVAIENT VU JULIE.

DANS MA CULTURE, LES PARENTS ÉTAIENT SACRÉS. ON LEUR DEVAIT AU MOINS UNE RÉPONSE.

ARMELLE, VOULEZ-VOUS UNE TASSE DE THÉ ?

OUI.

SE COMPORTER AINSI ENVERS SA PROPRE MÈRE M'INDIGNAIT.

J'AIMAIS BIEN ARMELLE. ELLE ÉTAIT DOUCE ET DISCRÈTE. D'AILLEURS UN PEU TROP. COMPARÉE À MA MÈRE, ELLE MANQUAIT D'AUTORITÉ.

N'EN METS PAS TROP. QUAND LE THÉ EST FORT, IL PERD SA SAVEUR.

JE SAIS, CHEZ MOI ON EN BOIT À LONGUEUR DE JOURNÉE.

BIEN SÛR. SUIS-JE BÊTE! LE THÉ, L'INDE, LA PERSE, LA RUSSIE, LE SAMOVAR...

ARMELLE ÉTAIT TRÈS CULTIVÉE MÊME SI ELLE NE CONNAISSAIT PAS BAKOUNINE. SON TRUC À ELLE, C'ÉTAIT LACAN. ELLE EN ÉTAIT PASSIONNÉE.

TU SAIS QU'IL A OUVERT LE CHAMP DE LA PSYCHANALYSE PAR LE BIAIS DE LA LINGUISTIQUE.

IL EST ARRIVÉ À ISOLER LES REGISTRES DE L'IMAGINAIRE DU SYMBOLIQUE ET DE LA RÉALITÉ.

C'EST UN DES PREMIERS À AVOIR ENTREPRIS DES THÉRAPIES DE GROUPE!

UNE FEMME ET UN HOMME NE PENSENT PAS PAREIL, NE FONCTIONNENT PAS PAREIL, N'ÉCRIVENT PAS PAREIL. LA LITTÉRATURE FÉMININE BLA, BLA, BLA, LA LITTÉRATURE MASCULINE BLA, BLA, BLA, BLA,...

JE L'ÉCOUTAIS PAR POLITESSE...

... ET AUSSI PARCE QUE C'ÉTAIT LA SEULE QUI CONNAISSAIT L'IRAN. ELLE COMPRENAIT MA NOSTALGIE POUR LA MER CASPIENNE. ELLE ÉTAIT AUSSI LA SEULE À AVOIR VU UN SAMOVAR.

ET PUIS ELLE ÉTAIT CELLE QUI AVAIT APPELÉ MES PARENTS POUR LES RASSURER.

JULIE ET MOI DISCUTIONS BEAUCOUP AVANT DE DORMIR.

JE TROUVE QUE TA MÈRE EST VRAIMENT TRÈS SYMPA.

ELLE PEUT ÊTRE TRÈS INSUPPORTABLE SI ELLE LE VEUT.

MAIS ELLE T'AIME BIEN AUSSI. GRÂCE À TOI ELLE M'EMMERDE MOINS. ELLE PENSE QUE TU AS UNE BONNE INFLUENCE SUR MOI.

QUELLE BONNE INFLUENCE?

GENRE VIERGE EFFAROUCHÉE INNOCENTE ET PURE QUI FAIT SES DEVOIRS. MOI, CE N'EST PAS PAREIL. ÇA FAIT CINQ ANS QUE JE COUCHE.

J'AI DÉJÀ COUCHÉ AVEC DIX-HUIT MECS : FABRICE, OLIVIER, LAURENT, LUC, JEAN-MARC, UN AUTRE LAURENT, SÉBASTIEN, …

J'ÉTAIS TRÈS CHOQUÉE. DANS MON PAYS MÊME QUAND ON AVAIT UNE RELATION AVANT LE MARIAGE, ON LE CACHAIT.

AU DÉBUT ON METTAIT DES CAPOTES MAIS LE MEC LE SENT MOINS.

"SENT MOINS" QUOI ?

BEN LE VAGIN !

LE VVV…??!!!

MAINTENANT JE PRENDS LA PILULE. C'EST POUR ÇA QUE J'AI UN GROS CUL.

MOI AUSSI J'AVAIS UN GROS DERRIÈRE ET POURTANT JE NE PRENAIS PAS DE CONTRACEPTIFS.

ARMELLE AVAIT UN BON POSTE AUX NATIONS UNIES. ELLE VOYAGEAIT FRÉQUEMMENT.

J'AI REMPLI LE FRIGIDAIRE. TRAVAILLEZ BIEN! JULIE, TU NE SÈCHES PAS LES COURS!!

D'AC

À MON RETOUR, JE VEUX QUE LA MAISON SOIT PROPRE ET BIEN RANGÉE.

OUI CHEF.

TU PARS POUR COMBIEN DE TEMPS?

SIX JOURS. SI VOUS AVEZ BESOIN DE QUDI QUE CE SOIT, VOUS APPELEZ MARTIN.

MARTIN ET ARMELLE S'ÉTAIENT CONNUS À VIENNE. ILS TRAVAILLAIENT ENSEMBLE, ÉTAIENT TOUS DEUX DIVORCÉS ET VIVAIENT UNE RELATION PLATONIQUE.

C'ÉTAIT JULIE QUI ME L'AVAIT EXPLIQUÉ.

JE NE PENSE PAS QU'ILS COUCHENT ENSEMBLE, SINON JE L'AURAIS SU.

QU'EST-CE QUE T'EN SAIS?

MAIS ATTENDS, TU AS VU COMME ELLE EST CHIANTE... NON! C'EST SÛR! ELLE NE BAISE PAS.

?

JE N'AVAIS ENCORE AUCUNE EXPÉRIENCE QUI ME PERMETTAIT DE FAIRE LE LIEN ENTRE LE CARACTÈRE D'ARMELLE ET SA VIE SEXUELLE.

BON VOYAGE!

ET AUSSITÔT SA MÈRE PARTIE...

... JULIE ORGANISA UNE FÊTE POUR LE SURLENDEMAIN AVEC SES AMIS DU CAFÉ SCHELTER.

LE SOIR DE LA FÊTE.

COMMENT TU ME TROUVES ?

PAS TERRIBLE.

ATTENDS, JE VAIS TE MAQUILLER. TU VAS VOIR.

ELLE ME COIFFA ET ME DESSINA UN GROS TRAIT D'EYE-LINER NOIR QUI DEVINT MON MAQUILLAGE POUR TOUJOURS.

JE ME TROUVAIS TRÈS BELLE.

MAIS QU'EST-CE QUE TU FAIS JULIE, TU METS DU PARFUM LÀ ?

LÀ, ÇA A UN NOM ! ÇA S'APPELLE UN SEXE, UNE FOUFOUNE, UN MINOU...

MINOU ? MA TANTE S'APPELLE COMME ÇA.

TANT MIEUX POUR ELLE.

EN PLUS MINOU EN PERSAN VEUT DIRE PARADIS !

HA ! HA ! HA

MESSIEURS ! BIENVENUE AU PARADIS.

HA ! HA ! HA !

TU AS DE LA BONNE MUSIQUE ?

OUI, J'AI TOUT PINK FLOYD.

JE CONNAISSAIS PINK FLOYD. MES PARENTS LES ÉCOUTAIENT QUAND ON PARTAIT EN VOYAGE.

POUR MOI, CE N'ÉTAIT PAS DE LA MUSIQUE DE FÊTE.

LA FÊTE NON PLUS N'ÉTAIT PAS COMME JE L'IMAGINAIS . CHEZ MOI, DANS LES FÊTES, TOUT LE MONDE DANSAIT ET MANGEAIT. À VIENNE LES GENS PRÉFÉRAIENT S'ALLONGER ET FUMER .

ET PUIS J'ÉTAIS CONTRARIÉE PAR TOUS CES ACTES SEXUELS PUBLICS . QUE VOULEZ-VOUS , JE VENAIS D'UN PAYS TRADITIONNALISTE.

VERS 4 H DU MATIN, LES DERNIERS INVITÉS PARTIRENT ENFIN. J'AVAIS TELLEMENT SOMMEIL.

J'AI VOULU ME DÉMAQUILLER MAIS ÇA NE PARTAIT PAS À L'EAU.

JE SUIS ALLÉE DEMANDER DU PRODUIT DÉMAQUILLANT À JULIE, MAIS APPAREMMENT ELLE ET ERNST DORMAIENT DÉJÀ DANS NOTRE CHAMBRE.

LORSQUE SOUDAIN

AH!
AH!!
HO!
HO!
AHH!
AH!

HO, HO, HO!
AH, AH!
AH OUI!
HO! AH! OUI!

MON DIEU, ILS ÉTAIENT EN TRAIN DE...

...FAIRE L'AMOUR!

JE ME SUIS RUÉE DANS LE SALON POUR ME PROTÉGER DE JE NE SAIS QUOI, DERRIÈRE MON MEILLEUR AMI, LE LIVRE.

CELA VA DE SOI QUE JE N'AI RIEN COMPRIS À MA LECTURE.

QUELQUES MINUTES PLUS TARD, J'APERÇUS DANS LE NOIR LA SILHOUETTE D'UN HOMME NU,

SUIVIE PAR CELLE D'UNE FEMME NUE,

ENSUITE UN HOMME ET UNE FEMME À MOITIÉ NUS !

HALLO!

SALUT!

É....

JE N'EN CROYAIS PAS MES YEUX...

...JE N'AVAIS JAMAIS VU ÇA ! .

ÇA M'A FAIT PENSER À CE JOUR, HUIT ANS AUPARAVANT, OÙ MON PÈRE ME CONDUISAIT EN VOITURE.

PAPA! C'EST QUOI COUILLE?

HEIN? ON DIT TESTICULE. LE SEXE DE L'HOMME EST CONSTITUÉ DE DEUX BOULES ET UN PÉNIS. CES BOULES S'APPELLENT DES TESTICULES.

DES BOULES? DES BOULES COMME ÇA LÀ?

ET À UN FEU ROUGE, MON PÈRE ME RÉPONDIT D'UN AIR TRÈS SÉRIEUX

NON, PLUTÔT COMME ÇA. CE NE SONT PAS DES BALLES DE TENNIS. ÇA RESSEMBLE PLUS À DES BALLES DE PING-PONG.

AH LES BALLES DE PING-PONG! HA! HA! HA! HA! HA!

J'Y CROIS PAS. TOI..., TOI..., TU AS FUMÉ TOI!!

MAIS C'EST TROP COOL!

ELLE EST DANS LE TRIP. ALLEZ WOLFY, METS-NOUS UN PEU DE MUSIQUE.

WOLFY?

CE N'ÉTAIT DONC PAS ERNST, LE PATRON DU CAFÉ SCHELTER! JULIE VENAIT DE COUCHER AVEC SON DIX-NEUVIÈME GARÇON.

CE SOIR-LÀ, J'AI VRAIMENT COMPRIS CE QUE SIGNIFIAIT "LA LIBÉRATION SEXUELLE".

CE FUT MON PREMIER GRAND PAS DANS L'ASSIMILATION DE LA CULTURE OCCIDENTALE.

LE LÉGUME

MA TRANSFORMATION MENTALE FUT SUIVIE PAR MA MÉTAMORPHOSE PHYSIQUE.

ENTRE L'ÂGE DE QUINZE ET SEIZE ANS, J'AI GRANDI DE DIX-HUIT CENTIMÈTRES. C'ÉTAIT IMPRESSIONNANT.

MOI À QUINZE ANS

MOI À SEIZE ANS

MA TÊTE CHANGEAIT AUSSI DE FAÇON PARTICULIÈRE. D'ABORD MON VISAGE S'ALLONGEA.

PUIS MON OEIL DROIT GROSSIT,

TALONNÉ PAR MON MENTON QUI DOUBLA DE LONGUEUR.

ENSUITE CE FUT MA BOUCHE,

MA MAIN DROITE,

MON PIED GAUCHE.

(ENCORE AUJOURD'HUI, CELUI-CI FAIT ½ POINTURE DE PLUS QUE MON PIED DROIT.)

ÉVIDEMMENT MON NEZ TRIPLA DE VOLUME

ET FUT DÉCORÉ PAR UN ÉNORME GRAIN DE BEAUTÉ.

JE LE TROUVAIS AFFREUX À L'ÉPOQUE.

PUIS MON MENTON AVANÇA MAJESTUEUSEMENT,

POUR RECULER QUELQUES MOIS PLUS TARD ET RETROUVER SA POSITION INITIALE.

POUR FINIR MA POITRINE SE DÉVELOPPA À L'AVANT

ET MON CENTRE DE GRAVITÉ FUT RÉÉQUILIBRÉ PAR LE POIDS DE MES FESSES.

BREF, J'ÉTAIS DANS UNE PÉRIODE DE LAIDEUR SANS CESSE RENOUVELÉE.

ET COMME SI MA DIFFORMITÉ NATURELLE NE SUFFISAIT PAS, J'ESSAYAIS DE NOUVELLES COUPES DE CHEVEUX. UN PETIT COUP DE CISEAUX À GAUCHE.

ET UNE SEMAINE PLUS TARD, UN PETIT COUP DE CISEAUX À DROITE.

JE RESSEMBLAIS À COSETTE DANS " LES MISÉRABLES".

ALORS JE M'ENDUISIS LES CHEVEUX DE GEL,

JE RAJOUTAI UN BON TRAIT D'ÈVE-LINER,

UNE PINCÉE D'ÉPINGLES À NOURRICE,

QUI FUT REMPLACÉE PAR UNE ÉCHARPE. ÇA ME DONNAIT UN AIR PLUS DOUX.

ÇA COMMENÇAIT À RESSEMBLER À QUELQUE CHOSE.

VOUS AVEZ VU COMME ELLE EST BELLE MAINTENANT.

... EUH ...

À MA GRANDE SURPRISE, MON NOUVEAU LOOK PLUT MÊME AUX SURVEILLANTES DE L'ÉCOLE. IL FAUT DIRE QU'ELLES ÉTAIENT TOUTES JEUNES.

TU CHANGES DE COIFFURE TOUS LES JOURS. C'EST QUI QUI TE COUPE LES CHEVEUX?

MOI-MÊME.

SI JE TE PAIE, TU ME LES COUPES AUSSI?

C'EST AINSI QUE JE DEVINS LA COIFFEUSE OFFICIELLE DU LYCÉE.

ÇA ME FAISAIT GAGNER UN PEU D'ARGENT DE POCHE.

MA RELATION AVEC LES RESPONSABLES DE L'ÉTABLISSEMENT NE RÉJOUIT PAS TROP MES AMIS.

DIS-DONC, TU AS L'AIR DE BIEN T'ENTENDRE AVEC LES PIONS.

BEN NON! JE LEUR COUPE JUSTE LES CHEVEUX.

TU NE LEUR FAIS PAS QUE ÇA, TU LEUR LÈCHES LE CUL À L'OCCASION.

MAIS PAS DU TOUT, JE LES TROUVE SYMPAS! C'EST TOUT.

LES PIONS, C'EST DES PIONS. ILS ONT UN PORTRAIT PSYCHOLOGIQUE DÉFINI. ILS ONT UNE SOIF DE POUVOIR ET CHERCHENT À NOUS CONTRÔLER.

OUI, COMME LES FLICS.

EXACT! LA VIE EST UNE SOUFFRANCE. TOUT EST SOUFFRANCE. LE TOUT C'EST LE NÉANT. DONC LA VIE EST LE NÉANT. QUAND UN HOMME PREND CONSCIENCE DE CE VIDE, IL NE PEUT PLUS VIVRE COMME DES VERS DE TERRE À INVENTER DES JEUX DE DIRIGEANTS ET DE DIRIGÉS POUR OUBLIER SON INCONSISTANCE.

N'IMPORTE QUOI! L'EXISTENCE N'EST PAS ABSURDE. IL Y A DES GENS QUI Y CROIENT ET QUI DONNENT LEUR VIE POUR DES VALEURS COMME LA LIBERTÉ.

FOUTAISE! MÊME ÇA, C'EST UN DIVERTISSEMENT POUR OUBLIER L'ENNUI.

ALORS MON ONCLE EST MORT POUR SE DISTRAIRE?

...

POUR MOMO, LA MORT ÉTAIT LE SEUL DOMAINE OÙ MA COMPÉTENCE DÉPASSAIT LA SIENNE. SUR LE SUJET J'AVAIS TOUJOURS LE DERNIER MOT.

LE COMBAT NOBLE BLA BLA BLA...

BON! ON VA FUMER UN JOINT?

D'ACCORD!

C'ÉTAIT TOUJOURS THIERRY QUI ROULAIT LES PÉTARDS ET NOUS, ON SURVEILLAIT LES SURVEILLANTS POUR NE PAS NOUS FAIRE SURPRENDRE.

TIENS!

JE N'AIMAIS PAS FUMER MAIS JE LE FAISAIS PAR SOLIDARITÉ. À L'ÉPOQUE, POUR MOI, L'HERBE ET L'HÉROÏNE, C'ÉTAIT LA MÊME CHOSE.

À CHAQUE FOIS QU'ON ME PROPOSAIT UN JOINT, JE ME RAPPELAIS CETTE CONVERSATION DE MES PARENTS À PROPOS DE MON COUSIN KAMRAN.

LE PAUVRE, IL S'EST TELLEMENT PIQUÉ QU'IL RESSEMBLE À UN LÉGUME.

CE GENRE DE CHOSES ARRIVE TOUJOURS AUX PLUS FRAGILES.

IL ÉTAIT HORS DE QUESTION DE DEVENIR UN LÉGUME.

ALORS JE FAISAIS SEMBLANT DE PARTICIPER MAIS JE N'AVALAIS PAS LA FUMÉE,

ET DÈS QUE MES COPAINS AVAIENT LE DOS TOURNÉ, JE ME METTAIS LES DOIGTS DANS LES YEUX POUR LES AVOIR BIEN ROUGE.

PUIS, JE SIMULAIS DES ÉCLATS DE RIRE.

J'ÉTAIS ASSEZ CRÉDIBLE.

PLUS JE FAISAIS DES EFFORTS D'INTÉGRATION ET PLUS J'AVAIS L'IMPRESSION DE M'ÉLOIGNER DE MA CULTURE, DE TRAHIR MES PARENTS ET MES ORIGINES, DE ME LAISSER PRENDRE DANS UN JEU QUI N'ÉTAIT PAS LE MIEN.

CHAQUE COUP DE FIL DE MES PARENTS ME RAPPELAIT MA LÂCHETÉ ET MA TRAÎTRISE. J'ÉTAIS À LA FOIS HEUREUSE DE LES ENTENDRE ET GÊNÉE DE LEUR PARLER.

- AH OUI, JE VAIS BIEN. J'AI DES BONNES NOTES.

- DES COPAINS? BIEN SÛR, PLEIN !

- PAPA...

- PAPA, JE VOUS AIME !

- TU AS DE BONS AMIS ?

- ÇA NE M'ÉTONNE PAS, TU AS TOUJOURS EU UNE FACILITÉ DE COMMUNICATION AVEC LES GENS !

- MANGE DES ORANGES. C'EST DE LA VITAMINE C.

- MAIS NOUS AUSSI, NOUS T'ADORONS. TU ES L'ENFANT RÊVÉE DE TOUS LES PARENTS !

SI SEULEMENT ILS SAVAIENT... S'ILS SAVAIENT QUE LEUR FILLE SE MAQUILLAIT COMME UNE PUNK, QU'ELLE FUMAIT DES PÉTARDS POUR FAIRE BONNE IMPRESSION, QU'ELLE AVAIT VU DES HOMMES EN SLIP ALORS QU'EUX SE FAISAIENT BOMBARDER TOUS LES JOURS, ILS NE M'APPELLERAIENT PLUS LEUR ENFANT RÊVÉE.

JE ME SENTAIS SI COUPABLE QUE DÈS QU'IL Y AVAIT DES INFORMATIONS SUR L'IRAN, JE CHANGEAIS DE CHAÎNE.

C'ÉTAIT TROP INSUPPORTABLE.

TU AS REGARDÉ LA TÉLÉ HIER? TU DOIS ÊTRE INQUIÈTE

NON, ÇA VA! J'AI PARLÉ À MES PARENTS. ILS VONT BIEN.

JE MENTAIS. JE N'EN SAVAIS RIEN ET JE NE VOULAIS PAS EN SAVOIR PLUS.

JE VOULAIS TOUT OUBLIER, FAIRE DISPARAÎTRE MON PASSÉ, MAIS MON INCONSCIENT ME RATTRAPAIT.

J'AI MÊME RÉUSSI À NIER MA NATIONALITÉ.

LORS D'UNE FÊTE AU LYCÉE.

SALUT, JE M'APPELLE MARC. J'AI EU MON BAC L'ANNÉE DERNIÈRE. TU ES NOUVELLE, TOI! TU T'APPELLES COMMENT?

MARJANE. JE SUIS LÀ DEPUIS UN AN.

ET TU VIENS D'OÙ MARIE-JEANNE?

JE SUIS FRANÇAISE.

AH BON? TU AS UN DRÔLE D'ACCENT POUR UNE FRANÇAISE.

BON! JE DOIS ALLER VOIR MES POTES. SALUT.

IL FAUT DIRE QU'À L'ÉPOQUE, L'IRAN C'ÉTAIT LE MAL ET ÊTRE IRANIENNE ÉTAIT LOURD À PORTER.

IL ÉTAIT PLUS FACILE DE MENTIR QUE DE L'ASSUMER.

C'EST QUI CE MEC?

MARC? C'EST LE FRÈRE D'ANNA, LA FILLE AVEC LE PULL À RAYURES. C'EST UN CONNARD DE BOURGE. IL NE FAUT PAS PARLER À CES GENS-LÀ.

ET LE SOIR EN RENTRANT, JE ME SUIS SOUVENUE DE CETTE PHRASE QUE M'AVAIT DITE MA GRAND-MÈRE: "RESTE TOUJOURS DIGNE ET INTÈGRE À TOI-MÊME!".

OH MAMIE...

MALHEUREUSEMENT TOUT FINIT PAR SE SAVOIR. QUELQUES JOURS PLUS TARD DANS UN CAFÉ PRÈS DE L'ÉCOLE.

ELLE A RACONTÉ À MON FRÈRE QU'ELLE ÉTAIT FRANÇAISE.

ET TON FRÈRE L'A CRUE ?

TU PENSES ! TU AS VU COMMENT ELLE PARLE ?

TU AS VU SA GUEULE ?

MAIS TON FRÈRE VOULAIT LA DRAGUER OU QUOI ?

N'IMPORTE QUOI !!

AH ÇA ME RASSURE. VU COMME ELLE EST MOCHE, ÇA SERAIT INJUSTE QU'ELLE SE FASSE UN MEC COMME MARC.

HA! HA! HA! JE ME SUICIDERAIS SI MON FRÈRE SORTAIT AVEC UN THON PAREIL !

JE NE SAIS PAS SI VOUS AVEZ REMARQUÉ MAIS ELLE NE PARLE JAMAIS NI DE SON PAYS, NI DE SES PARENTS.

MAIS BIEN SÛR ! ELLE MENT QUAND ELLE DIT QU'ELLE A CONNU LA GUERRE. TOUT ÇA POUR FAIRE SON INTÉRESSANTE.

DE TOUTE FAÇON, SES PARENTS DOIVENT S'EN FOUTRE D'ELLE, SINON ILS NE L'AURAIENT PAS ENVOYÉE SEULE !

LÀ, C'ÉTAIT TROP. MON SANG N'A FAIT QU'UN TOUR.

VOUS ALLEZ VOUS TAIRE OU C'EST MOI QUI VAIS VOUS LA FERMER ! JE SUIS IRANIENNE ET FIÈRE DE L'ÊTRE !

ELLE EST COMPLÈTEMENT FOLLE.

J'AVAIS ENVIE DE MOURIR.

CAFÉ~

OÙ ÉTAIENT MES PARENTS POUR ME PRENDRE DANS LEURS BRAS, POUR ME RASSURER ?

ET PUIS APRÈS TOUT, JE N'AVAIS PAS À PLEURER.

JE VENAIS DE ME REVENDIQUER.

POUR LA PREMIÈRE FOIS DEPUIS UN AN, JE ME SENTAIS FIÈRE.

J'AI RÉELLEMENT COMPRIS CE QUE VOULAIT DIRE MA GRAND-MÈRE : SI JE N'ÉTAIS PAS INTÈGRE À MOI-MÊME, JE NE POURRAIS JAMAIS M'INTÉGRER.

LE CHEVAL

JULIE ET SA MÈRE AVAIENT QUITTÉ VIENNE. MAINTENANT J'HABITAIS DANS UN WOHNGEMEINSCHAFT. LE WOHNGEMEINSCHAFT EST UN LOGEMENT PARTAGÉ EN COMMUNAUTÉ. JE DISPOSAIS DES LIEUX POUR QUATRE MOIS.

LA FENÊTRE DE MA CHAMBRE.

MA CHAMBRE.

ELLE ÉTAIT TRÈS LUMINEUSE. JE POSSÉDAIS UN LIT DEUX PLACES, UNE ARMOIRE ET UN BUREAU. POUR LA PREMIÈRE FOIS DEPUIS LONGTEMPS J'AVAIS UN ESPACE PRIVÉ.

C'ÉTAIT VRAIMENT BIEN.

MES HUIT COLOCATAIRES ÉTAIENT HUIT HOMMES, TOUS HOMOSEXUELS.

FRANZ

ANDREAS

MARKUS

KLAUS

JAN

DIETER

MOI

MARTIN

MANFRED

ÇA FAISAIT PLUS D'UN AN ET DEMI QUE J'ÉTAIS EN AUTRICHE. J'AVAIS ABANDONNÉ MON LOOK DE PUNK. JE NE VOULAIS PLUS ÊTRE UNE MARGINALE.

MARJANE! C'EST TA MÈRE AU TÉLÉPHONE.

J'ARRIVE!

QUOI??

OH MA MÈRE, MA MÈRE!

ELLE VIENT ME VOIR

TA MÈRE QUOI?

C'EST SUPER!

QUAND ÇA?

DANS DEUX SEMAINES.

MÊME SI CELA FAISAIT DIX-NEUF MOIS QUE JE N'AVAIS PAS VU MA MAMAN, LES QUINZE JOURS D'ATTENTE FURENT TRÈS LONGS. LE JOUR DE SON ARRIVÉE, JE ME LAVAI COMME JAMAIS,

JE REPASSAI MES VÊTEMENTS POUR LA PREMIÈRE FOIS,

JE ME FIS BELLE AUTANT QUE JE LE PUS POUR ALLER LA CHERCHER À L'AÉROPORT.

J'APERÇUS AU LOIN UNE DAME QUI LUI RESSEMBLAIT. MÊME SILHOUETTE, MÊME DÉMARCHE, MAIS AVEC LES CHEVEUX BLANCS. MA MÈRE ELLE, ÉTAIT BRUNE.

QUAND CETTE DAME APPROCHA, ÇA NE FAISAIT PLUS DE DOUTE. C'ÉTAIT BIEN ELLE. AVANT QUE JE QUITTE LE PAYS, MAMAN AVAIT SEULEMENT QUELQUES CHEVEUX BLANCS. C'EST INCROYABLE CE QUE LE TEMPS VOUS FAIT.

EN TOUT CAS, ELLE NE S'ARRÊTA PAS.

MAMAN! MAMAN!

JE NE SAVAIS PAS SI ELLE NE M'AVAIT PAS RECONNUE OU PAS ENTENDUE.

MAMAN!

MARJI?

ELLE NE M'AVAIT PAS RECONNUE ET POUR CAUSE: J'AVAIS PRESQUE DOUBLÉ DE TAILLE ET DE VOLUME.

OH MA CHÉRIE, QUE TU ES GRANDE!

DUTY FREE S...

MAMAN! TU ES TOUTE BLANCHE!

ÇA M'A FAIT BIZARRE DE LA PRENDRE DANS MES BRAS. NOS PROPORTIONS S'ÉTAIENT INVERSÉES.

AVEC LA PERMISSION DES AUTRES, JE L'ACCUEILLIS CHEZ MOI.

J'HABITE LÀ. TU VERRAS, ÇA VA TE PLAIRE. MES COLOCATAIRES SONT TRÈS GENTILS. ILS SONT TRÈS EXCITÉS À L'IDÉE DE TE RENCONTRER.

SALUT

COMMENT ALLEZ-VOUS?

BIENVENUE

SALUT

HALLO

SOYEZ DES NÔTRES

BONJOUR

ICI, C'EST MA CHAMBRE. ON PARTAGERA LE MÊME LIT.

OUI C'EST BIEN... JE N'AVAIS PAS COMPRIS QUE TES COLOCATAIRES ÉTAIENT DES HOMMES.*

* DANS LA GRAMMAIRE PERSANE, IL N'Y A PAS DE GENRE. MASCULIN ET FÉMININ SE CONFONDENT.

C'EST FOU COMME TU AS GRANDI.

JE NE LUI REDIS PAS QU'ELLE AUSSI AVAIT CHANGÉ. À SON ÂGE ON NE GRANDIT PLUS, ON VIEILLIT.

ALORS COMME ÇA TU VIS AVEC HUIT HOMMES.

NE T'INQUIÈTE PAS MAMAN! ILS SONT TOUS HOMOSEXUELS.

DES HOMOSEXUELS??

J'AVAIS DIT ÇA POUR LA RASSURER ET JE CROIS QUE MALGRÉ LE CHOC, ELLE FUT APAISÉE.

D'AILLEURS, JE L'AI SURPRISE UN JOUR EN TRAIN D'APPRENDRE "JE T'AIME" EN PERSAN À FRANZ QUI VENAIT DE RENCONTRER UN IRANIEN.

DOUSTÈTE DARAM. OUU... TU COMPRENDS? OUU...

DÔSTÈTE DARAM

NON! OUU...

RACONTER DIX-NEUF MOIS EN QUELQUES JOURS N'EST PAS FACILE. IL FALLAIT DONC BEAUCOUP PARLER POUR RÉCUPÉRER LE TEMPS PERDU. NOUS AVIONS SOUVENT DES CONVERSATIONS DÉCOUSUES.

RACONTE-MOI, COMMENT VA PAPA? QU'EST-CE QU'IL FAIT?

OH, IL S'OCCUPE DU GAZ DANS LES IMMEUBLES DE TÉHÉRAN.

ÇA LE FRUSTRE UN PEU. TU SAIS, TON PÈRE EST SPÉCIALISÉ DANS LA CONSTRUCTION D'USINES D'ACIER, MAIS EN TEMPS DE GUERRE ÇA NE SERT À RIEN DE CONSTRUIRE.

IL EST QUAND MÊME HEUREUX?

OUI, ÇA VA. TU LUI MANQUES ÉNORMÉMENT, MAIS IL EST CONTENT QUE TU VIVES ICI, LOIN DES PROBLÈMES.

MAMAN, IL EST OÙ TON COLLIER?

MA MÈRE PORTAIT TOUJOURS UN PENDENTIF EN OR QUE PAPA LUI AVAIT OFFERT POUR LEUR DIXIÈME ANNIVERSAIRE DE MARIAGE.

JE L'AI LAISSÉ EN IRAN. VOIS-TU, ON N'A PAS LE DROIT DE SORTIR LES OBJETS DE VALEUR DU PAYS.

J'AI SU PLUS TARD QU'ELLE M'AVAIT MENTI.

TU N'AIMES PAS CE QUE JE T'AI FAIT À MANGER?

SI, SI, J'ADORE, MAIS JE N'AI PLUS TRÈS FAIM.

LÀ ENCORE, ELLE ME MENTAIT. APRÈS CE JOUR, ELLE NE ME LAISSA PLUS JAMAIS FAIRE LA CUISINE.

TIENS, C'EST UNE LETTRE DE TON PÈRE. CE N'EST PAS MOI QUI L'AI OUVERTE, C'EST LA DOUANE DE TÉHÉRAN. ILS CONTRÔLENT TOUT!

DANS LA LETTRE, IL SE RÉJOUISSAIT À L'IDÉE QUE J'AIE UNE VIE PAISIBLE À VIENNE.

SI TU SAVAIS.

J'AVAIS L'IMPRESSION QU'IL NE SE RENDAIT PAS COMPTE DE CE QUE J'ENDURAIS.

NOUS NOUS PROMENIONS SOUVENT, MA MÈRE ET MOI.

COMMENT VA LE PAYS ?

OUF ! TOUJOURS PAREIL, DES BOMBARDEMENTS, DES ARRESTATIONS. ON Y EST TELLEMENT HABITUÉS QUE LE CALME ICI ME PÈSE UN PEU.

TU TE SOUVIENS DES VOISINS, LES KIANI ? ILS ONT ACHETÉ UNE MAISON À DEMAVEND*. QUAND ON APPREND QU'IL VA Y AVOIR UNE OFFENSIVE AÉRIENNE, ON SE RÉFUGIE CHEZ EUX. L'AIR EST TRÈS PUR PAR LÀ-BAS. ON Y PASSE DE BONS MOMENTS.

* VILLE MONTAGNARDE AU NORD DE TÉHÉRAN

QU'EST-CE QUE C'EST BIEN DE MARCHER SANS LE FICHU SUR LA TÊTE, SANS L'ANGOISSE DE SE FAIRE ARRÊTER POUR DEUX MÈCHES OU DU VERNIS À ONGLES.

ELLE NE ME POSAIT JAMAIS DE QUESTION SUR MA SITUATION. CERTAINEMENT PAR PUDEUR ET AUSSI PARCE QU'ELLE AVAIT PEUR DES RÉPONSES. SI ELLE S'ÉTAIT SACRIFIÉE POUR QUE JE VIVE LIBREMENT, IL FALLAIT AU MOINS QUE JE ME PORTE BIEN.

ALORS QUAND LES MOTS MANQUAIENT, LES GESTES VENAIENT À NOTRE SECOURS.

LA FILLE ADORE SA MAMAN.

LA MAMAN AUSSI ADORE SA FILLE.

JE SUIS RAVIE DE TE VOIR SI BIEN INSTALLÉE ICI. MAINTENANT IL FAUT QUE TU FASSES DES EFFORTS, QUE TU DEVIENNES QUELQU'UN. JE ME MOQUE DE CE QUE TU FERAS PLUS TARD, SEULEMENT TÂCHE D'ÊTRE LA MEILLEURE. MÊME SI TU DEVIENS DANSEUSE DE CABARET, MIEUX VAUT DANSER AU LIDO QUE DANS UNE GARGOTE MINABLE.

À PROPOS, SAVAIS-TU QUE TON ONCLE MASSOUD S'EST INSTALLÉ EN ALLEMAGNE ?

EN ALLEMAGNE ? MAIS C'EST À CÔTÉ. IL NE VOUDRAIT PAS NOUS RENDRE VISITE ?

IL EST TRÈS DÉPRIMÉ. EN IRAN IL ÉTAIT QUELQU'UN : "MONSIEUR L'EXPERT COMPTABLE"! EN ALLEMAGNE, C'EST UN TURC ... C'EST DIFFICILE À NOS ÂGES DE TOUT RECOMMENCER À ZÉRO.

JE ME SOUVIENS DU TEMPS OÙ ON VOYAGEAIT EN EUROPE. IL SUFFISAIT DE MONTRER LE PASSEPORT IRANIEN, C'ÉTAIT LE TAPIS ROUGE. ON ÉTAIT RICHE AVANT. MAINTENANT DÈS QU'ILS APPRENNENT NOTRE NATIONALITÉ, ILS NOUS FOUILLENT PARTOUT, COMME SI NOUS ÉTIONS TOUS DES TERRORISTES. ILS NOUS TRAITENT COMME DES PESTIFÉRÉS.

QUELQUES JOURS PLUS TARD AU CAFÉ HAWELKA.

DONNE-MOI UNE CIGARETTE.

!?

ALLEZ, NE FAIS PAS DE CHICHI, JE SAIS QUE TU FUMES!

QU'EST-CE QUI TE FAIT CROIRE ÇA?

TU SENS LA FUMÉE ET PUIS J'AI VU UN PAQUET DE CAMEL DANS TON SAC!

TU AS FOUILLÉ DANS MES AFFAIRES PERSONNELLES??

ÇA FAISAIT TROP LONGTEMPS QUE JE VIVAIS SEULE POUR ACCEPTER QU'ON S'IMMISCE DANS MA VIE PRIVÉE.

ALLEZ, DONNE-MOI CETTE CLOPE!

J'AI DÉCIDÉ DE LAISSER TOMBER. JE SAVAIS QU'ELLE PARTAIT DANS VINGT JOURS ET JE NE VOULAIS RIEN REGRETTER.

TIENS, LA VOILÀ TA CIGARETTE.

C'EST PEUT-ÊTRE IDIOT DE POSER CETTE QUESTION MAINTENANT, MAIS EN FAIT QU'EST-CE QU'IL S'EST PASSÉ VRAIMENT AVEC LES BONNES SŒURS?

COMME JE TE L'AI DIT.

ELLES ONT DIT QUE LES IRANIENS N'AVAIENT AUCUNE ÉDUCATION ET JE LEUR AI RÉPONDU QU'ELLES ÉTAIENT TOUTES DES PROSTITUÉES.

TU AS BIEN FAIT!

DANS UNE SITUATION NORMALE, ELLE M'AURAIT SÛREMENT ENGUEULÉE D'AVOIR INSULTÉ LES GENS.

TU NE RECOMMENCES PLUS, HEIN?

BIEN SÛR QUE NON.

QUAND ON VOIT RAREMENT SES PARENTS, ON SE PARDONNE TOUT.

MON SÉJOUR AU WOHNGEMEINSCHAFT ÉTAIT PROVISOIRE. JE DEVAIS ME RELOGER

MARJI, JE SUIS PASSÉE DEVANT L'UNIVERSITÉ. J'AI VU UNE ANNONCE POUR UNE CHAMBRE DANS LE TREIZIÈME.

NOUS Y SOMMES ALLÉES L'APRÈS-MIDI MÊME. HANSE NIESE WEG 1.

HALLO! JE SUIS FRAU DOKTOR HELLER.

MADAME SATRAPI.

جقدَرْ جاقَتَ!*

*QU'ELLE EST GROSSE!

TENEZ... LE LOYER EST DE DEUX MILLE SCHILLINGS.* ELLE PEUT UTILISER LA CUISINE ET LA SALLE DE BAIN QU'ELLE PARTAGERA AVEC TROIS COLOCATAIRES, DEUX MUSICIENS ANGLAIS ET UN ÉTUDIANT EN ARCHITECTURE AMÉRICAIN.

*150 EUROS

TOUTES LES CONDITIONS NOUS CONVENAIENT.

PRENEZ BIEN SOIN DE MA FILLE.

BIEN SÛR MADAME SARTITI, BIEN SÛR!

ET À L'ARRÊT DU TRAMWAY.

COMMENT TU AS TROUVÉ LE THÉ?

UN VRAI PIPI DE CHEVAL!

ELLE AUSSI, ON AURAIT DIT UN CHEVAL!

MPFRR

MMF

PIPI DE CHEVAL DE TÊTE DE CHEVAL!!!

ENCORE AUJOURD'HUI CETTE PLAISANTERIE INFANTILE NOUS FAIT BEAUCOUP RIRE MA MÈRE ET MOI.

JE PASSAI VINGT-SEPT JOURS À SES CÔTÉS. JE GOÛTAI À LA NOURRITURE CÉLESTE DE MON PAYS, PRÉPARÉE PAR MA MÈRE. ÇA ME CHANGEAIT DES PÂTES.

ELLE ME CÂLINA TOUS LES SOIRS POUR M'ENDORMIR.

ÇA ME REPOSAIT DE DISCUTER AVEC ELLE. ÇA FAISAIT LONGTEMPS QUE JE N'AVAIS PAS PARLÉ À UNE PERSONNE SANS AVOIR À LUI EXPLIQUER MA CULTURE.

LA VEILLE DE SON DÉPART

MA CHÉRIE, TU N'INSULTES PAS DOKTOR HELLER, HEIN?

C'EST PROMIS

ACHÈTE-TOI DES FRUITS ET LÉGUMES. IL FAUT BIEN MANGER. CE N'EST PAS POUR RIEN QU'ON DIT: "UN ESPRIT SAIN DANS UN CORPS SAIN"!

REGARDE! J'AI FAIT DES CROQUIS D'APRÈS LES VÊTEMENTS EN VITRINE. JE VAIS TE CONFECTIONNER DES HABITS. IL T'EN FAUT DES NOUVEAUX.

DEPUIS MON ARRIVÉE EN AUTRICHE, JE NE M'ÉTAIS RIEN ACHETÉE ET VU MA CROISSANCE, MES FRUSQUES NE M'ALLAIENT PLUS.

PUIS VINT CE VILAIN JOUR DU DÉPART. J'ÉTAIS TRISTE, MAIS BON, JE COMMENÇAIS À ÊTRE HABITUÉE AUX SÉPARATIONS.

MA MÈRE EST PARTIE.

JE SUIS SÛRE QU'ELLE COMPRIT LA DÉTRESSE DE MON ISOLEMENT ET MÊME SI ELLE SE VOILA LA FACE ET NE FIT RIEN PARAÎTRE, ELLE ME LAISSA UN BAGAGE AFFECTIF QUI M'AIDA À TENIR PLUSIEURS MOIS.

CACHE-CACHE

LA MAISON DE FRAU DOKTOR HELLER ÉTAIT UNE VIEILLE VILLA, CONSTRUITE PAR SON PÈRE, UN SCULPTEUR ASSEZ CONNU DES ANNÉES TRENTE. LA GRANDE TERRASSE QUI DONNAIT SUR LE JARDIN ÉTAIT MON ENDROIT FAVORI. J'Y PASSAIS DES MOMENTS TRÈS AGRÉABLES.

SEULS LES EXCRÉMENTS DE VICTOR, LE CHIEN DE FRAU DOKTOR HELLER, TROUBLAIENT CETTE HARMONIE.

IL DÉFÉQUAIT EN MOYENNE UNE FOIS PAR SEMAINE SUR MON LIT.

DOKTOR HELLER!

VOUS VOUS RENDEZ COMPTE? C'EST LA CINQUIÈME FOIS EN UN MOIS. C'EST INACCEPTABLE! MAIS ÉDUQUEZ-LE ENFIN!

OUI, BON! JE VAIS FAIRE CHANGER LES DRAPS.

J'OUBLIAIS SOUVENT QU'IL ÉTAIT TROP VIEUX POUR APPRENDRE QUOI QUE CE SOIT

VOUS ÊTES VRAIMENT TRÈS MANIAQUE!

?!

TOUS MES AMIS ÉTAIENT PARTIS DU LYCÉE. JULIE ÉTAIT EN ESPAGNE, THIERRY ET OLIVIER ÉTAIENT RETOURNÉS EN SUISSE ET MOMO AVAIT ÉTÉ RENVOYÉ. J'ÉTAIS SEULE À L'ÉCOLE MAIS ÇA M'ÉTAIT BIEN ÉGAL.

MON MANQUE D'INTÉRÊT POUR LES AUTRES ME RENDIT PLUS INTÉRESSANTE.

ALORS ÇA VA MARJANE?

OUI, OUI!

DEPUIS QUE J'AVAIS VU MA MÈRE, JE N'AVAIS BESOIN DE PERSONNE.

ENFIN PRESQUE.

TU VEUX QU'ON RENTRE ENSEMBLE?

NON! MON COPAIN VIENT ME CHERCHER.

IL S'APPELAIT ENRIQUE. JE L'AVAIS RENCONTRÉ PAR DIETER, UN DE MES ANCIENS COLOCATAIRES.

72328

ENRIQUE ÉTAIT MI AUTRICHIEN, MI ESPAGNOL.

ÇA TE DIRAIT D'ALLER À UNE FÊTE ANARCHISTE CE WEEK-END?

AH BIEN SÛR! J'ADORERAIS.

ENRIQUE AVAIT VINGT ANS ET JOUAIT DU PIANO.

JE L'AIMAIS BEAUCOUP.

NOUS SERONS UNE VINGTAINE DE PERSONNES, ÇA VA ÊTRE COOL!

TU LES CONNAIS TOUS?

OUI

LE FAIT D'APPRENDRE QU'IL CONNAISSAIT DE VRAIS ANARCHISTES RENFORÇA MES SENTIMENTS À SON ÉGARD.

"UNE FÊTE DE RÉVOLUTIONNAIRES ANARCHISTES"! ÇA ME RAPPELAIT L'ENGAGEMENT ET LES COMBATS DE MON ENFANCE EN IRAN. DE PLUS ÇA ME PERMETTRAIT PEUT-ÊTRE DE MIEUX CONNAÎTRE BAKOUNINE.

À BAS LES BOURGEOIS

VIVE BAKOUNINE

JE COMPTAIS LES HEURES.

ENFIN LE GRAND JOUR ARRIVA.

APRÈS UNE HEURE ET DEMIE DE ROUTE, NOUS ARRIVÂMES EN PLEINE FORÊT.

J'APERÇUS DE LOIN UNE BANDE D'ADULTES SE POURSUIVRE EN CRIANT:

CHAT PERCHÉ!

TU NE M'AURAS PAS

ATTRAPE-MOI SI TU PEUX!

!?

QUELLE DÉCEPTION... MON ENTHOUSIASME FUT VITE REMPLACÉ PAR UN SENTIMENT DE DÉGOÛT ET DE MÉPRIS PROFOND.

C'ÉTAIT DONC ÇA LES ANARCHISTES?

ALORS, ÇA TE PLAÎT?

...

À CET INSTANT PRÉCIS, MON AMOUR POUR ENRIQUE EN PRIT UN GRAND COUP.

VIENS, ON VA JOUER AVEC LES AUTRES.

...

ALLEZ, TU VERRAS, ON VA BIEN S'AMUSER !

JE N'AI PAS TROP ENVIE DE FAIRE LA FÊTE.

ENRIQUE INSISTAIT. J'AI CÉDÉ FINALEMENT.

ON A JOUÉ À CACHE-CACHE.

PUIS AU VOLLEY-BALL.

POUR FINIR LA SOIRÉE, NOUS AVONS GRILLÉ DES SAUCISSES TOUT EN CHANTANT JANIS JOPLIN.

LES SAUCISSES ET LA MUSIQUE ÉTAIENT BONNES... J'ÉTAIS À NOUVEAU AMOUREUSE.

ENSUITE NOUS SOMMES RENTRÉS NOUS COUCHER.

ALLEZ, BONNE NUIT.

FAÎTES DE BEAUX RÊVES!

ON VA TOUS DORMIR ICI?

ÇA ME GÊNAIT DE DORMIR AVEC ENRIQUE DEVANT TOUS CES GENS. JE VENAIS D'UNE CULTURE OÙ MÊME S'EMBRASSER EN PUBLIC ÉTAIT CONSIDÉRÉ COMME UN ACTE SEXUEL.

TIENS MARJANE, JE TE PRÉSENTE INGRID.

ENCHANTÉE MARJANE. IL Y A UNE CHAMBRE EN HAUT. VOUS POUVEZ VOUS Y INSTALLER SI VOUS VOULEZ.

OH MERCI, C'EST GENTIL.

ELLE EST MIGNONNE TA PETITE COPINE.

JE SAIS.

BONNE NUIT LES AMOUREUX.

JUSQU'À CE SOIR, MA RELATION AVEC ENRIQUE ÉTAIT STRICTEMENT PLATONIQUE. J'AVAIS GRANDI DANS UN PAYS OÙ L'ACTE SEXUEL NE SE CONSOMMAIT QU'APRÈS LE MARIAGE. POUR ENRIQUE, CE N'ÉTAIT PAS UN PROBLÈME. ON S'ACCOMMODAIT AVEC DE TENDRES BAISERS.

MAIS CE SOIR, C'ÉTAIT DIFFÉRENT. JE ME SENTAIS PRÊTE À PERDRE MON INNOCENCE.

ET TANT PIS SI AUCUN IRANIEN NE SE MARIE JAMAIS AVEC MOI. JE VIS EN EUROPE ET J'ÉPOUSERAI UN EUROPÉEN!

JE NE VOULAIS PLUS ÊTRE UNE VIERGE EFFAROUCHÉE.

MALHEUREUSEMENT, LE LENDEMAIN MATIN J'ÉTAIS AUSSI VIERGE ET AUSSI EFFAROUCHÉE QUE LA VEILLE.

TAP TAP

POURTANT J'ESSAYAI DE FAIRE DE MON MIEUX.

C'EST DE MA FAUTE ! QU'EST-CE QUE JE SUIS MOCHE. C'EST SÛREMENT POUR ÇA QU'IL N'A PAS VOULU DE MOI.

JE NE VOYAIS PAS D'AUTRE EXPLICATION.

JE SUIS MOCHE, JE PUE, JE SUIS MAL FOUTUE, J'AI DES POILS !

JE SUIS ALLÉE LE REJOINDRE POUR LUI PARLER.

?!!? INGRID!

JE VENAIS DE TROUVER UNE AUTRE EXPLICATION: "IL ÉTAIT AMOUREUX D'INGRID."

BONJOUR MON CHOUCHOU. JE N'AI PAS VOULU TE RÉVEILLER. TU DORMAIS SI PAISIBLEMENT. ÇA VA?

OUI

J'AI DES CHOSES À FAIRE. À TOUT À L'HEURE.

À TOUT DE SUITE.

POURQUOI TU ES SI TRISTE?

JE SAIS. VIENS, IL FAUT QUE JE TE PARLE.

IL VA ME DIRE QU'IL VA SE MARIER AVEC CETTE VIEILLE GROSSE.

VIENS...

IL VA ME DIRE QU'ELLE EST LE GRAND AMOUR DE SA VIE, QUE JE SUIS COMME UNE SOEUR POUR LUI.

MARJANE, JE T'ADORE. GRÂCE À TOI, J'AI DÉCOUVERT QUELQUE CHOSE DE TRÈS IMPORTANT.

J'ÉCOUTE.

JE N'EN AI PARLÉ À PERSONNE. JE VOULAIS PARTAGER CE SECRET D'ABORD AVEC TOI.

C'EST VRAI? TU NE L'AS MÊME PAS DIT À INGRID?

NON!

VOILÀ, JE PENSE QUE JE SUIS HOMOSEXUEL.

QUOI? TOI AUSSI?

CE N'ÉTAIT PAS CONCEVABLE. D'ABORD MES HUIT COLOCATAIRES ET MAINTENANT MON PETIT COPAIN. À CROIRE QUE TOUS LES HOMMES QUE JE CONNAISSAIS S'AIMAIENT ENTRE EUX.

SI ÇA N'A PAS MARCHÉ AVEC TOI, ÇA NE MARCHERA AVEC PERSONNE!

JE N'AI JAMAIS VRAIMENT SU QUI J'ÉTAIS... TU M'AS ÔTÉ TOUS MES DOUTES.

JE TE JURE, CE N'EST PAS TOI. JE TE TROUVE JOLIE, ATTIRANTE, DOUCE; C'EST MOI! JE TE PROMETS, C'EST MOI.

QUELQUE PART J'ÉTAIS QUAND MÊME RASSURÉE. J'ADMETTAIS PLUS FACILEMENT QU'IL SOIT HOMO, PLUTÔT QU'IL AIT UNE PRÉFÉRENCE POUR INGRID OU QU'IL ME TROUVE LAIDE.

JE SUIS CONTENTE POUR TOI.

QUE POUVAIS-JE LUI RÉPONDRE D'AUTRE?

PROMETS-MOI QU'ON RESTERA TOUJOURS AMIS.

JE TE LE PROMETS.

JE DONNAI MA PAROLE MAIS J'ÉTAIS TROP JEUNE POUR LA TENIR. CET AMOUR CHASTE ME FRUSTRAIT PLUS QU'IL NE M'ÉPANOUISSAIT. JE VOULAIS AIMER ET ÊTRE AIMÉE POUR DE VRAI.

LOVE STORY

JE PERDIS ENRIQUE DE VUE MAIS SES AMIS ANARCHISTES M'ADOPTÈRENT. MA VIE ÉTAIT PARTAGÉE ENTRE EUX, MON LYCÉE ET LA MAISON DE FRAU DOKTOR HELLER.

LYCÉE FRANÇAIS DE VIENNE

LA VIE COMMUNAUTAIRE ALLAIT DE PAIR AVEC L'USAGE DE TOUTE SORTE DE STUPÉFIANTS: HERBE, SHIT, ...

JE ME FAISAIS DES TRIPS LES WEEK-ENDS ET ÇA SE VOYAIT SUR MON VISAGE.

MON PROFESSEUR DE PHYSIQUE, YONNEL ARROUAS, S'INQUIÉTAIT POUR MOI.

> MARJANE, ÇA VA BIEN? TU PEUX ME PARLER SI TU VEUX.

...

CHEZ MOI, C'EST LA GUERRE. J'AI PEUR POUR MES PARENTS. JE SUIS SEULE ET JE CULPABILISE. JE N'AI PAS BEAUCOUP DE SOUS. MON ONCLE A ÉTÉ ASSASSINÉ. J'AI VU MA COPINE MOURIR DANS UN BOMBARDEMENT, ...

JE SENTAIS QU'IL NE ME CROYAIT PAS. IL DEVAIT PENSER QUE J'EXAGÉRAIS.

JE PERSISTAI QUAND MÊME. J'AVAIS TANT BESOIN DE PARLER.

> SINON JE VIS CHEZ UNE FOLLE, MON COPAIN ...

> BON, ÇA VA, J'AI COMPRIS. ÇA TE DIT DE VENIR DÉJEUNER CHEZ NOUS CE SAMEDI? MA MÈRE SERA LÀ AUSSI.

J'ACCEPTAI.

CHEZ LUI, JE JOUAIS AVEC SES DEUX JUMELLES, JOHANNA ET CAROLINE.

mariane! mariane! mariane! mariane!

cucu!

JE PARLAI LONGUEMENT AVEC MADAME ARROUAS, LA MÈRE DE MON PROF, UNE FRANÇAISE D'ORIGINE JUIVE MAROCAINE.

> JE VOUS COMPRENDS, C'EST DUR. VOUS DEVEZ FAIRE TROIS FOIS PLUS D'EFFORTS QUE N'IMPORTE QUI POUR RÉUSSIR ! C'EST ÇA LES IMMIGRÉS !! J'AI CONNU ÇA MOI AUSSI, QUAND JE SUIS ARRIVÉE EN FRANCE.

> SOYEZ FORTE. TOUT IRA BIEN POUR VOUS. J'ESPÈRE QU'ON SE REVERRA.

MAIS ON NE S'EST PLUS JAMAIS REVUS. LA FEMME DE YONNEL NE M'AIMAIT PAS. ELLE DEVAIT PENSER QUE JE RACONTAIS DES HISTOIRES. ALORS JE NE FUS PLUS JAMAIS INVITÉE CHEZ EUX.

APRÈS MA DÉCEPTION AMOUREUSE AVEC ENRIQUE, JE COMPRENAIS MIEUX JULIE QUAND ELLE PARLAIT DES EFFETS NÉFASTES D'UN AMOUR PLATONIQUE SUR SA MÈRE. J'AVAIS SAISI LA NÉCESSITÉ D'UNE RELATION CHARNELLE. MAIS APRÈS CET INCIDENT COMMENT FAIRE?

JE ME SENTAIS ENCORE PLUS VILAINE ET AVAIS ENCORE MOINS CONFIANCE EN MOI.

ET VOILÀ QU'UN JOUR UN NOUVEL ÉLÈVE EST ARRIVÉ DANS MA CLASSE. IL S'APPELAIT JEAN-PAUL. IL ME PLAISAIT BIEN.

MARSANE, ÇA TE DIT DE PRENDRE UN POT CE WEEK END?

TOI ET MOI?

QUI D'AUTRE?

QUAND ÇA?

BEN, CE WEEK-END. SAMEDI PAR EXEMPLE.

ON S'EST DONNÉ RENDEZ-VOUS AU CAFÉ DE L'EUROPE À 18 H.

J'AI MIS MES PLUS BEAUX VÊTEMENTS. J'ÉTAIS TELLEMENT EXCITÉE QUE JE SUIS ARRIVÉE UNE HEURE EN AVANCE.

LUI, UNE DEMI-HEURE EN RETARD.

ENFIN LE VOILÀ !

SALUT ! QU'EST-CE QUE TU LIS ?

AH C'EST TOI ? JE NE T'AVAIS PAS REMARQUÉ.

ÇA FAIT LONGTEMPS QUE TU ES LÀ ?

NON, JE VIENS JUSTE D'ARRIVER.

...   ...

IL ME PLAISAIT VRAIMENT BIEN.

ALORS, ÇA VA?

OUI, OUI, TRÈS BIEN. ET TOI?

MOI, ÇA VA. C'EST QUE...
...TU SAIS, J'AI UN TRÈS
GRAND MANQUE D'AFFECTION.

?

J'ESPÉRAIS L'ÉMOUVOIR AFIN QU'IL PRENNE MA MAIN
OSTENSIBLEMENT POSÉE SUR LA TABLE, EN ME DISANT: "NE
T'EN FAIS PAS, JE COMBLERAI TOUS TES MANQUES".

À LA PLACE, IL ME DIT:

TOUT ARRIVE À POINT À QUI
SAIT ATTENDRE.

?

JE NE COMPRENAIS PAS BIEN CE
QU'IL ESSAYAIT DE ME DIRE.

... J'AI DONC ATTENDU ...

ET APRÈS UN QUART D'HEURE D'ATTENTE,

TIENS, JE N'AI PAS TRÈS
BIEN SAISI LE DERNIER
COURS DE MATH SUR LES
LOGARITHMES. J'AI
QUELQUES QUESTIONS
À TE POSER.

??!!!

IL FALLAIT RESTER DIGNE. JE LUI AI TOUT
EXPLIQUÉ AVEC BEAUCOUP DE NATUREL.

PAR EXEMPLE LE LOGARITHME DE 100
ÉGAL 2 CAR 10^2 ÉGAL 100, ...

NOUS SOMMES RESTÉS ENSEMBLE
JUSQU'À 9 H DU SOIR À PARLER DES
FONCTIONS ET DE LA TRIGONOMÉTRIE.

C'ÉTAIT VRAIMENT TRÈS SYMPA.
MERCI ET À BIENTÔT.

MAIS QU'EST-CE QUE TU AS PENSÉ
PAUVRE CONNE? TU CROIS QU'UN
MEC COMME LUI PEUT S'INTÉRESSER
À UNE FILLE COMME TOI??

QUELLE IMBÉCILE! COMMENT AVAIS-JE
PU ME FAIRE AUTANT D'ILLUSIONS?

LE WEEK-END SUIVANT, JE ME RETROUVAIS DANS LA COMMUNAUTÉ.

OÙ TU ÉTAIS PASSÉE CES DEUX DERNIÈRES SEMAINES ? POURQUOI TU N'ES PAS VENUE NOUS VOIR ?

J'ÉTAIS INVITÉE UNE FOIS CHEZ UN DE MES PROFS ET LA SEMAINE DERNIÈRE J'AI VU UN COPAIN.

INGRID, MON ENNEMIE DE JADIS, ÉTAIT DEVENUE MAINTENANT UNE GRANDE AMIE. ELLE M'APPRIT LA MÉDITATION TRANSCENDANTALE. AVEC ELLE, JE PASSAIS MON TEMPS SOIT À MÉDITER,

SOIT À DÉLIRER.

ÇA NE ME PLAISAIT PAS TOUJOURS, MAIS JE PRÉFÉRAIS DE LOIN M'ENNUYER AVEC ELLE PLUTÔT QUE DE SUPPORTER MA SOLITUDE ET MES DÉCEPTIONS.

PEU À PEU, JE DEVINS LE PORTRAIT DE DORIAN GRAY. PLUS LE TEMPS PASSAIT ET PLUS J'ÉTAIS MARQUÉE.

MAIS CETTE DÉCADENCE PLAISAIT À CERTAINS. C'EST AINSI QUE J'AI RENCONTRÉ LE PREMIER GRAND AMOUR DE MA VIE.

HÉ ! MARJANE !

IL S'APPELAIT MARKUS. IL ÉTAIT EN TERMINALE LITTÉRAIRE. AU MOINS J'ÉTAIS SÛRE QU'IL NE VOULAIT PAS ME VOIR POUR SES PROBLÈMES EN MATHÉMATIQUES.

QU'EST-CE QUE TU FAIS SAMEDI ?

JE VAIS VOIR MES AMIS À LA CAMPAGNE. POURQUOI ?

TU VEUX QU'ON AILLE EN BOÎTE ?

OUAIS, POURQUOI PAS.

CETTE FOIS JE N'AI FAIT AUCUN EFFORT : JE NE ME SUIS PAS MIS MES BEAUX VÊTEMENTS ET JE SUIS ARRIVÉE AVEC UNE HEURE DE RETARD.

J'Y CROYAIS PLUS. JE PENSAIS QUE TU NE VIENDRAIS PAS. JE SUIS HEUREUX QUE TU SOIS LÀ. TU VEUX DANSER ?

NON, JE N'AIME PAS ÇA. D'AILLEURS JE N'AIME PAS LES BOÎTES.

NOUS DANSÂMES QUAND MÊME.

QU'EST-CE TU ES BELLE LE SOIR !

QUEL MENTEUR

À PART LE FAIT D'ÊTRE TOUS LES DEUX DES ENFANTS UNIQUES, NOUS N'AVIONS RIEN EN COMMUN. J'ÉTAIS MAL À L'AISE.

HEUREUSEMENT CETTE SITUATION PATHÉTIQUE NE DURA PAS LONGTEMPS. LA BOÎTE FERMAIT À 2 H 30 DU MATIN

SI TU VEUX, JE T'ACCOMPAGNE CHEZ TOI MAIS AVANT IL FAUT QUE JE FASSE LE PLEIN. ON FAIT MOITIÉ-MOITIÉ ?

D'ACCORD

PLUS RIEN NE M'ÉTONNAIT. MÊME PAYER L'ESSENCE POUR QUE MON CHER CAVALIER ME CONDUISE CHEZ MOI ME PARAISSAIT TOUT À FAIT NORMAL.

CE QUE J'ADORE EN TOI, C'EST TON CÔTÉ REBELLE ET TA NONCHALANCE NATURELLE.

MERCI

ET LÀ...

LES CHOSES ARRIVENT TOUJOURS QUAND ON S'Y ATTEND LE MOINS. C'ÉTAIT LE BONHEUR.

J'AVAIS ENFIN UN AUTHENTIQUE PETIT AMI. J'ÉTAIS ÉPANOUIE. UN SOIR CHEZ MARKUS,

JE VAIS ÉCRIRE UNE PIÈCE DE THÉÂTRE.

OH OUI, J'AIMERAIS Y PARTICIPER.

QUAND SOUDAIN,

WAS MACHT SIE HIER? SIE MUß RAUS GEHEN!

C'ÉTAIT SA MÈRE. MARKUS N'AVAIT PAS DE PÈRE. ELLE PENSAIT QUE JE NE COMPRENAIS PAS L'ALLEMAND. ELLE DISAIT QUE JE DEVAIS ALLER "RAUS", DEHORS.

ON M'AVAIT DÉJÀ CRIÉ CE MOT MENAÇANT DANS LE MÉTRO.

DU SCHEIß AUSLÄNDERIN, GEH RAUS!

C'ÉTAIT UN VIEUX QUI M'AVAIT DIT: "SALE ÉTRANGÈRE, SORS!". JE L'AVAIS ENTENDU À UNE AUTRE OCCASION DANS LA RUE. MAIS J'ESSAYAIS DE M'EN MOQUER. JE PENSAIS QUE C'ÉTAIT UNE RÉACTION DE PAUVRE TYPE.

MAIS LÀ, C'ÉTAIT DIFFÉRENT. CE N'ÉTAIT NI UN VIEUX DÉTRUIT PAR LA GUERRE, NI UN JEUNE IDIOT. C'ÉTAIT LA MÈRE DE MON COPAIN QUI M'AGRESSAIT. ELLE DISAIT QUE J'ABUSAIS DE MARKUS ET DE SA SITUATION POUR OBTENIR UN PASSEPORT AUTRICHIEN. QUE J'ÉTAIS UNE SORCIÈRE.

JE CROIS QU'ELLE NE S'ÉTAIT JAMAIS REGARDÉE DANS UNE GLACE.

LAß UNS IN RUHE!

ELLE M'ORDONNA DE LES LAISSER TRANQUILLES, ELLE ET SON FILS.

RAUS! ICH SAGE RAUS!!

PUIS ME MIT À LA PORTE.

ALLEZ, RENTRE. JE VIENS TE VOIR DEMAIN CHEZ TOI.

MARKUS DEVAIT SOUFFRIR BEAUCOUP PLUS QUE MOI. LUI DEVAIT SACRIFIER SA RELATION AVEC SA MÈRE POUR CONTINUER À ME VOIR. JE NE VOULAIS PAS EN RAJOUTER. ALORS JE ME TUS.

*ICI CE N'EST PAS UN BORDEL.

* JE VENAIS DE LIRE LES TROIS ESSAIS SUR LA THÉORIE DE LA SEXUALITÉ.

MARKUS ET MOI NE SAVIONS PAS OÙ ALLER. NOUS NOUS RETROUVIONS SOUVENT DANS SA VOITURE, OÙ NOUS FUMIONS DES PÉTARDS POUR NOUS DISTRAIRE.

TIENS, ON M'A DIT QUE DANS CE CAFÉ ON POUVAIT ACHETER DU SHIT PAS CHER. TU NE VEUX PAS ALLER VOIR? JE NE TROUVE PAS OÙ ME GARER.

BIEN SÛR!

PRENDS CES 200 SCHILLINGS

NON, ÇA VA. J'AI DE L'ARGENT.

JE SUIS DESCENDUE. J'AVAIS TRÈS TRÈS PEUR . C'ÉTAIT LA PREMIÈRE FOIS QUE JE METTAIS LES PIEDS DANS UN ENDROIT AUSSI SORDIDE.

CAFÉ CAMERA →

MAIS CE N'ÉTAIT PAS GRAVE. APRÈS TOUT, JE LE FAISAIS POUR MON AMOUR.

EXCUSEZ-MOI, JE VEUX DU MATOS POUR 200 BALLES.

SUIS-MOI

TIENS

MERCI

MARKUS ÉTAIT FIER DE MOI. SI FIER, QU'IL RACONTA À TOUT LE LYCÉE QUE SA COPINE AVAIT DES CONTACTS AU CAFÉ CAMERA.

VOILÀ COMMENT PAR AMOUR, JE DÉBUTAI MA CARRIÈRE DE REVENDEUR DE DROGUE. N'AVAIS-JE PAS SUIVI LES CONSEILS DE MA MÈRE? DONNER LE MEILLEUR DE MOI-MÊME? JE N'ÉTAIS PLUS UNE SIMPLE JUNKIE, MAIS LE DEALER ATTITRÉ DE MON LYCÉE.

LE CROiSSANT

HEUREUSEMENT, J'AVAIS BÉNÉFICIÉ D'UNE ÉDUCATION SOLIDE POUR NE JAMAIS M'ÉGARER TOTALEMENT. MÊME SI J'ÉTAIS UNE DEALEUSE, JE CONTINUAIS À ÉTUDIER SÉRIEUSEMENT. C'ÉTAIT LA FIN DE LA PREMIÈRE. J'ALLAIS PASSER MON BAC FRANÇAIS.

QUAND JE RÉVISAIS AVEC LES AUTRES, JE ME RENDAIS COMPTE QUE J'AVAIS BEAUCOUP DE LACUNES. IL ME FALLAIT UN MIRACLE POUR RÉUSSIR.

ET CE MIRACLE SE PRODUISIT UN SOIR DE JUIN, PENDANT MON SOMMEIL.

HÉ, MARJI, LE SUJET DU BAC, CE SERA L'ESCLAVAGE DES NÈGRES DE MONTESQUIEU.

LE LENDEMAIN MATIN J'APPELAI MA MÈRE,

QUI APPELA DIEU, QUI À SON TOUR ENVOYA UN MESSAGE À L'EXAMINATEUR.

CHAQUE FOIS QUE J'AI DEMANDÉ À MA MÈRE DE PRIER POUR MOI, MON VOEU S'EST EXAUCÉ.

VOUS AIMEZ LE 18e SIÈCLE?

OUI.

VOUS AIMEZ MONTESQUIEU?

OUI.

VOUS AVEZ TRENTE MINUTES POUR PRÉPARER L'ESCLAVAGE DES NÈGRES.

J'EUS 17, LA MEILLEURE NOTE DE L'ÉCOLE.

PUIS VINT L'ÉTÉ. À VRAI DIRE, JE NE GAGNAIS RIEN EN DEALANT PUISQUE JE LE FAISAIS SURTOUT POUR RENDRE SERVICE. JE ME SUIS DONC MISE À CHERCHER DES PETITS BOULOTS.

C'ÉTAIT PARFOIS ENNUYEUX,

PARFOIS AMUSANT.

UN JOUR J'AI VU UNE ANNONCE DANS UN JOURNAL: "CAFÉ SOLE CHERCHE SERVEUSE, TROIS LANGUES EUROPÉENNES EXIGÉES."

TU PARLES ALLEMAND, ANGLAIS ET FRANÇAIS. C'EST BIEN. TU AS DÉJÀ TRAVAILLÉ DANS UN BAR?

OUI*

BON! TU COMMENCES DEMAIN. MAIS ATTENTION! LE CLIENT A TOUJOURS RAISON!!

* J'AI MENTI

LE CAFÉ SOLE SE TROUVAIT DANS LE MEILLEUR QUARTIER DE VIENNE. J'ÉTAIS CORRECTEMENT PAYÉE, MAIS CE N'ÉTAIT PAS TOUJOURS FACILE AVEC LES CLIENTS. DES FOIS, J'AVAIS VRAIMENT ENVIE DE LES GIFLER.

"LE CLIENT A TOUJOURS RAISON", "LE CLIENT A TOUJOURS RAISON"...

J'AVAIS QUAND MÊME UNE ALLIÉE. C'ÉTAIT SVETLANA, LA CUISINIÈRE YOUGOSLAVE.

QU'EST-CE QU'IL Y A PETITE?

UN CON M'A PINCÉ LES FESSES.

DIS-MOI, QU'EST-CE QU'IL A COMMANDÉ LE FILS DE PUTE?

UN WIENER SCHNITZEL*

* ESCALOPE VIENNOISE

PARDONNEZ-MOI MON SEIGNEUR!

RAAK PTOUH!

VOILÀ! JUSTICE EST FAITE

ELLE ME FAISAIT BIEN RIRE. GRÂCE À ELLE, J'AI PU CONTINUER À TRAVAILLER LÀ-BAS SANS AVOIR À BLESSER CERTAINS HOMMES DANS LEUR VIRILITÉ.

J'ÉTAIS TELLEMENT OCCUPÉE QUE JE N'AI PAS VU LA RENTRÉE ARRIVER.

MARJANE SATRAPI ! TU ES CONVOQUÉE CHEZ LE PROVISEUR.

J'AI VU QUE VOUS AVIEZ EU LE MEILLEUR RÉSULTAT AU BAC FRANÇAIS. TOUTES MES FÉLICITATIONS.

MERCI MONSIEUR.

PRENEZ PLACE.

VOYEZ-VOUS, L'USAGE DE CERTAINES SUBSTANCES N'A PAS LES MÊMES EFFETS SUR TOUTES LES PERSONNES. CHEZ CERTAINS INDIVIDUS, CELA PEUT ENTRAÎNER DES CONSÉQUENCES DÉPLORABLES.

JE M'EXPLIQUE. NOUS AVONS UN RÉEL PROBLÈME AVEC LA CONSOMMATION DE CANNABIS DANS CE LYCÉE.

CELUI OU CELLE QUI EN PROCURE AUX ÉLÈVES DE CET ÉTABLISSEMENT PEUT ÊTRE SÉVÈREMENT PUNI.

VOUS ÊTES INTELLIGENTE ET JE COMPTE SUR VOUS POUR NE PAS M'OBLIGER À VOUS LE SIGNIFIER UNE SECONDE FOIS.

NON, VOUS NE SEREZ PAS OBLIGÉ.

RAPPELEZ-VOUS SATRAPI, JE COMPTE SUR VOUS !

OUI, OUI.

J'EUS TRÈS PEUR. CE FUT LA FIN DE MA CARRIÈRE.

CERTES, JE NE VENDAIS PLUS DE DROGUE MAIS JE ME SUIS MISE À EN CONSOMMER DE PLUS EN PLUS. AU DÉBUT, MARKUS FUT TRÈS IMPRESSIONNÉ,

ENCORE UN?? TU ES TROP FORTE !

PUIS IL ME FIT LA MORALE,

NOM DE DIEU ! MAIS REGARDE CE QUE TU DEVIENS.

ET FINALEMENT IL PRIT DE LA DISTANCE.

CE CÔTÉ DÉCADENT QUI LUI AVAIT TANT PLU AUPARAVANT, FINIT PAR L'AGACER PROFONDÉMENT.

IL FAUT DIRE QUE JE FUMAIS TROP DE PÉTARDS. J'AVAIS CONSTAMMENT SOMMEIL ET JE M'ENDORMAIS SOUVENT.

L'INTÉGRALE DÉFINIE D'UNE FONCTION F SUR...

MARJANE, ÇA VA ?

QUOI ?

VOUS ALLEZ BIEN ?

QU'EST-CE QUE VOUS VOULEZ QUE JE VOUS DISE MONSIEUR ? QUE JE SUIS LE LÉGUME QUE JE REFUSAIS DE DEVENIR ?

QUE JE ME DÉÇOIS TELLEMENT QUE JE N'ARRIVE PLUS À ME REGARDER DANS UNE GLACE ? QUE JE ME HAIS ?...

TOUT VA BIEN MONSIEUR. JE SUIS UN PEU MALADE, JE ME SENS TRÈS FATIGUÉE.

JE SUIS RESTÉE DANS CET ÉTAT LE RESTE DE L'ANNÉE SCOLAIRE, MAIS GRÂCE AUX PLIS RECOMMANDÉS, ENVOYÉS TOUS LES JOURS À DIEU PAR MA MÈRE, J'OBTINS TANT BIEN QUE MAL MON BAC. J'ÉTAIS RASSURÉE.

NOUS ÉTIONS EN 1988. MARKUS AVAIT COMMENCÉ DES ÉTUDES DE THÉÂTRE. MOI, JE M'ÉTAIS INSCRITE À LA FACULTÉ DE TECHNOLOGIE, MAIS JE N'Y ALLAIS JAMAIS.

TU NE VEUX PAS QU'ON SORTE ?

JE N'AI PAS LE TEMPS, J'AI MES EXAMENS DANS UNE SEMAINE.

CETTE MÊME ANNÉE, JE PRIS CONSCIENCE QUE LE PRÉSIDENT DE L'AUTRICHE S'APPELAIT KURT WALDHEIM.

PAR MARKUS J'AVAIS CONNU D'AUTRES ÉTUDIANTS. NOUS NOUS RETROUVIONS SOUVENT AU CAFÉ HAWELKA, OÙ NOUS DISCUTIONS POLITIQUE.

C'EST LE RETOUR DU NAZISME, C'EST GRAVE.

IL NE FAUT PAS EXAGÉRER. WALDHEIM EST ÉLU DEPUIS UN AN ET DEMI. S'IL Y AVAIT EU DES CHANGEMENTS RADICAUX, ON L'AURAIT SU.

COMMENT TU PEUX DIRE ÇA ? NOUS SOMMES PASSÉS DU SOCIALISME AU NAZISME.

PERSONNELLEMENT, JE NE CONSTATAIS PAS CETTE DIFFÉRENCE. LA PREMIÈRE FOIS QUE J'AI VU DES SKINHEADS, C'ÉTAIT EN 1984. À L'ÉPOQUE, JE NE SAVAIS MÊME PAS CE QUE C'ÉTAIT. DE PLUS, JE PARLAIS TRÈS PEU L'ALLEMAND. JE N'AI DONC PAS COMPRIS CE QU'ILS ME VOULAIENT. JE LES SENTAIS HOSTILES, MAIS APRÈS AVOIR GRANDI PRÈS DES GARDIENS DE LA RÉVOLUTION, JE SAVAIS ME DÉBROUILLER DANS CE GENRE DE SITUATION ...

J'AI FAIT PROFIL BAS.

DEPUIS LORS, JE N'AVAIS PAS REMARQUÉ LEUR NOMBRE S'ACCROÎTRE.

DES CONS, IL Y EN A PARTOUT. VOUS CROYEZ QUE CHEZ MOI IL N'Y EN A PAS ? ILS SONT DIX FOIS PLUS FÉROCES QUE LES VÔTRES. EN IRAN, ON TUE LES GENS QUI NE PENSENT PAS COMME LES DIRIGEANTS !

C'EST INTÉRESSANT D'AVOIR UN AVIS EXTÉRIEUR.

OUI, C'EST VRAI...

PENDANT CETTE PÉRIODE, LES ÉTUDIANTS EN QUESTION, COMME LA PLUPART DES JEUNES VIENNOIS ÉTAIENT TRÈS POLITISÉS. ILS MANIFESTAIENT DE TEMPS À AUTRE CONTRE LE GOUVERNEMENT AU POUVOIR. PARFOIS, JE LES REJOIGNAIS.

ILS DISAIENT QUE LES VIEUX NAZIS ENSEIGNAIENT "MEIN KAMPF" CHEZ EUX AUX NÉONAZIS DEPUIS LE DÉBUT DES ANNÉES 80, QUE BIENTÔT IL Y AURAIT UNE MONTÉE DE L'EXTRÊME DROITE DANS TOUTE L'EUROPE.

C'EST FOU COMME LES GENS SONT TOUS DES LÂCHES. ET ENCORE NOUS SOMMES À VIENNE. VOUS VOUS IMAGINEZ COMMENT ÇA DOIT ÊTRE AU TYROL!!

MAIS MOI, JE SUIS DÉJÀ ALLÉE AU TYROL, JE LES AI TROUVÉS TRÈS SYMPAS.

LE PÈRE DE MA COPINE M'A MÊME FABRIQUÉ UN CADRE...

C'EST PARCE QUE TU ES UNE FILLE. SI TU ÉTAIS UN GARÇON FRISÉ ET UN PEU PLUS BASANÉ, ÇA NE SE PASSERAIT PAS COMME ÇA.

JE ME DEMANDAIS S'ILS AURAIENT ÉTÉ ASSIS À MES CÔTÉS SI J'AVAIS ÉTÉ UN GARÇON FRISÉ ET BASANÉ ?

MARKUS, LUI, NE PARTICIPAIT JAMAIS À RIEN. IL ÉCRIVAIT SA PIÈCE DE THÉÂTRE.

TU NE VIENS PAS AVEC NOUS?

EUH, NON! JE TRAVAILLE, JE N'AI PAS LE TEMPS.

EN PLUS, ÇA NE SERT À RIEN. WALDHEIM A ÉTÉ ÉLU DÉMOCRATIQUEMENT. C'EST LA VOLONTÉ DU PEUPLE.

TCHRRI TCHRRI

ET TA CONSCIENCE? QU'EST-CE QUE T'EN FAIS DE TA CONSCIENCE?

J'ÉCRIS. LA CULTURE ET L'ÉDUCATION SONT LES ARMES FATALES CONTRE TOUTES LES SORTES D'INTÉGRISMES. IL FAUT ÉDUQUER LES GENS POUR QU'ILS NE VOTENT PLUS POUR LES NAZIS.

OUAIS, LES INTELLECTUELS SONT TROP PRÉCIEUX POUR PERDRE LEUR TEMPS À CRIER!

N'IMPORTE QUOI...

DE TOUTE FAÇON C'EST LA LÂCHETÉ DES GENS COMME TOI QUI OFFRE LA POSSIBILITÉ AUX DICTATEURS DE S'INSTALLER!

LES DISPUTES SOULIGNAIENT LE DÉBUT DE LA FIN DE NOTRE HISTOIRE.

POURTANT LUI COMME MOI ESSAYIONS DE SAUVER NOTRE RELATION. CELA FAISAIT PRESQUE DEUX ANS QU'ON ÉTAIT ENSEMBLE. LA VEILLE DE MON ANNIVERSAIRE,

JE SUIS INVITÉE À GRAZ PAR UNE COPINE.

C'EST BIEN.

ÇA NE TE DÉRANGE PAS QUE JE NE FÊTE PAS MON ANNIVERSAIRE AVEC TOI ?

NON, PAS DU TOUT.

ÇA TE CHANGERA LES IDÉES.

APRÈS TOUT ÇA TOMBAIT BIEN. PEUT-ÊTRE CE SÉJOUR ALLAIT-IL SAUVER NOTRE COUPLE.

JE VAIS TE MANQUER, TU VAS VOIR...

BON, JE VAIS DORMIR CHEZ TOI CE SOIR. DEMAIN J'AI MON TRAIN À 7H30

ATTENDS, TU ES PLUS PROCHE DE LA GARE QUE MOI. SI TU VIENS, TU VAS RATER TON TRAIN.

OUI, TU AS RAISON !

À TON RETOUR, ON FÊTERA ÇA ENSEMBLE.

J'AI DONC DORMI CHEZ MOI ET LE LENDEMAIN MATIN...

...J'AI RATÉ MON TRAIN.

ÇA DOIT ÊTRE UN SIGNE DU DESTIN POUR QUE JE CÉLÈBRE MES DIX-HUIT ANS AVEC LUI.

J'EUS UNE IDÉE INGÉNIEUSE : "JE VAIS LUI FAIRE UNE SURPRISE EN LUI APPORTANT DES CROISSANTS CHAUDS."

OH OUAIS, JE SUIS TROP COOL COMME FILLE!

JE TOURNAI DÉLICATEMENT LA CLEF DANS LA SERRURE, POUR NE PAS LE RÉVEILLER, AFIN DE LE SURPRENDRE.

COUCOU!

ANKER

ANKER

C'ÉTAIT COMME DANS UN MAUVAIS FILM AMÉRICAIN. UN DE CES FILMS OÙ L'HOMME SURPRIS S'ENVELOPPE DANS SON DRAP PAR PUDEUR ET DIT:

ATTENDS, JE VAIS TOUT T'EXPLIQUER!

...CE N'EST PAS CE QUE TU PENSES...

...JE T'AIME MARJANE, IL FAUT ME CROIRE, JE T'AIME...

CONNARD DÉGUEULASSE MERDEUX

SI C'EST COMME ÇA CASSE-TOI! ALLEZ, DÉGAGE!!

AINSI SOUS L'ORDRE DU CRAPULEUX MARKUS, JE DÉGAGEAI. JE NE L'AI PLUS JAMAIS REVU.

LE FOULARD

MA RUPTURE AVEC MARKUS REPRÉSENTAIT PLUS QU'UNE SIMPLE SÉPARATION. JE VENAIS DE PERDRE MON UNIQUE SOUTIEN AFFECTIF, LA SEULE PERSONNE QUI TENAIT À MOI, À LAQUELLE J'ÉTAIS AUSSI PLEINEMENT ATTACHÉE.

MOI QUI N'AVAIS NI FAMILLE, NI AMIS. MOI QUI AVAIS TOUT MISÉ SUR CETTE RELATION. LE MONDE VENAIT DE S'ÉCROULER DEVANT MES YEUX.

AH VOUS ÊTES LÀ! J'AI PERDU MA BROCHE. JE SUIS SÛRE QUE C'EST VOUS QUI ME L'AVEZ PRISE.

LAISSEZ-MOI TRANQUILLE, JE VOUS EN PRIE!

ÇA NE VA PAS SE PASSER COMME ÇA.

ALLEZ AU DIABLE, PARTEZ! JE VOUS DÉTESTE, JE VOUS HAIS!

TOUT ME RAPPELAIT MARKUS. CE COUVRE-LIT, C'ÉTAIT SON CADEAU POUR MON ANNIVERSAIRE.

CETTE AFFICHE, IL ME L'AVAIT ACHETÉE LORS DE L'EXPO PICASSO AU MUSÉE DES ARTS MODERNES.

SON T-SHIRT OH SON T-SHIRT!

À PART LUI, QUI D'AUTRE S'ÉTAIT SINCÈREMENT INTÉRESSÉ À MOI PENDANT LES QUATRE ANNÉES PASSÉES À VIENNE?

OÙ ÉTAIT MA MÈRE POUR ME CARESSER LES CHEVEUX?

OÙ ÉTAIT MA MAMIE POUR ME DIRE QUE LES AMOUREUX, J'EN AURAI PAR PAQUETS DE DOUZE?

OÙ ÉTAIT MON PÈRE POUR CHÂTIER CE GARÇON QUI AVAIT OSÉ FAIRE DU MAL À SA FILLE? OÙ?

DANS CETTE CHAMBRE TOUT M'ÉVOQUAIT MARKUS. JE NE LA SUPPORTAIS PLUS.

JE ME SUIS DONC HABILLÉE,

J'AI PRIS MON SAC,

MON PASSEPORT, LE BILLET D'AVION QUE MES PARENTS M'AVAIENT OFFERT POUR LEUR RENDRE VISITE À NOËL ET UN PEU D'ARGENT.

OÙ EST-CE QUE VOUS ALLEZ COMME ÇA?

ADIEU!

VOUS N'ALLEZ PAS VOUS EN TIRER SI FACILEMENT!

ALLEZ VOUS FAIRE FOUTRE.

VOLEUSE! JE VAIS APPELER LA POLICE! JE VAIS FAIRE CECI ET CELA, ...

CLAC

C'ÉTAIT LE 22 NOVEMBRE . LE JOUR DE MON ANNIVERSAIRE . IL FAISAIT UN FROID DE CANARD . JE SUIS RESTÉE SUR UN BANC, IMMOBILE ... JE REGARDAIS LES GENS PARTIR AU TRAVAIL ...

... PUIS RENTRER ...

ET LE SOIR ...

"LA NUIT PORTE CONSEIL", ME DISAIT TOUJOURS MA GRAND-MÈRE.

EN EFFET, ELLE M'ÉCLAIRCIT SUR BEAUCOUP DE POINTS. SOUDAIN, J'EUS UNE RÉVÉLATION.

MARKUS EST UN SALOPARD.

TOUTES CES FOIS OÙ, SOUS PRÉTEXTE DE NE PAS TROUVER OÙ SE GARER, IL ME FAISAIT DESCENDRE AU CAFÉ CAMÉRA...

... IL SAVAIT QUE LES FLICS Y PASSAIENT DE TEMPS EN TEMPS FAIRE DES RAFLES.

ÇA NE L'AURAIT PAS DÉRANGÉ QUE JE ME FASSE ARRÊTER.

ET LA FOIS OÙ SA MÈRE M'A MÉCHAMMENT ENGUEULÉE...

... IL AURAIT PU PRENDRE MA DÉFENSE AU LIEU DE ME RENVOYER CHEZ MOI !...

... SANS PARLER DE LA PREMIÈRE FOIS OÙ NOUS SOMMES SORTIS ENSEMBLE EN BOÎTE, QUAND IL M'A DEMANDÉ DE LUI PAYER SON ESSENCE ET UNE FOIS L'ESSENCE PAYÉE IL M'A DIT :

CE QUE J'ADORE EN TOI, C'EST TON CÔTÉ REBELLE ET TA NONCHALANCE NATURELLE.

SOUMIS COMME IL ÉTAIT, IL DEVAIT S'IDENTIFIER À MON ASPECT REBELLE.

COMMENT J'AI PU M'AVEUGLER À CE POINT? QUELLE RELATION? QUEL AMOUR? QUEL SOUTIEN? QUEL CONNARD !!!

IL ME DISAIT QUE SA MÈRE LUI AVAIT COUPÉ LES VIVRES.

JE NE SAIS VRAIMENT PAS COMMENT FAIRE. JE COMMENCE LA FAC DANS UN MOIS, SI JE ME METS À BOSSER EN MÊME TEMPS, ÇA VA ME PRENDRE DIX ANS AVANT QUE JE FINISSE MES ÉTUDES.

NE T'EN FAIS PAS, J'AI UN PEU D'ÉCONOMIES.

DE CETTE FAÇON, TOUT L'ARGENT QUE M'AVAIENT ENVOYÉ MES PARENTS, AVEC LEQUEL J'ÉTAIS SUPPOSÉE VIVRE PENDANT UN AN, FUT DÉPENSÉ EN TROIS MOIS.

L'ADDITION ?

C'EST POUR MOI

CE N'EST PAS POSSIBLE. SA MÈRE L'AIMAIT TROP POUR LUI COUPER LES VIVRES. JE SUIS SÛRE QU'ELLE LUI DONNAIT DES SOUS. IL A DÛ TOUT CLAQUER POUR ELLE. →

CETTE SALOPE ↑↑↑

JE DEVENAIS COMPLÈTEMENT FOLLE.

AUJOURD'HUI AVEC LE RECUL JE NE L'ACCABLE PLUS. MARKUS AVAIT UNE HISTOIRE, UNE FAMILLE, DES AMIS. MOI, JE N'AVAIS QUE LUI. JE VOULAIS QU'IL SOIT À LA FOIS MON COPAIN, MON PÈRE, MA MÈRE, LE DOUBLE DE MOI-MÊME.

J'AVAIS TOUT PROJETÉ SUR LUI. CE N'ÉTAIT CERTAINEMENT PAS FACILE POUR UN GARÇON DE DIX-NEUF ANS.

QUELLE MISÈRE

JE PASSAI MA PREMIÈRE NUIT DANS LA RUE. IL Y EN A EU TANT D'AUTRES...

AU MATIN, J'AI PRIS LE TRAM.

À L'INTÉRIEUR, IL Y AVAIT DEUX PLACES BIEN AU CHAUD CAR ELLES SE TROUVAIENT AU-DESSUS DU MOTEUR. JE ME SUIS ENDORMIE SUR L'UN DE CES SIÈGES. C'ÉTAIT REPOSANT.

PENDANT PRESQUE UN MOIS, J'AI VÉCU À CE RYTHME : LA NUIT PROSTRÉE ET LA JOURNÉE À ME LAISSER PORTER À TRAVERS VIENNE PAR LE SOMMEIL ET LE TRAMWAY.

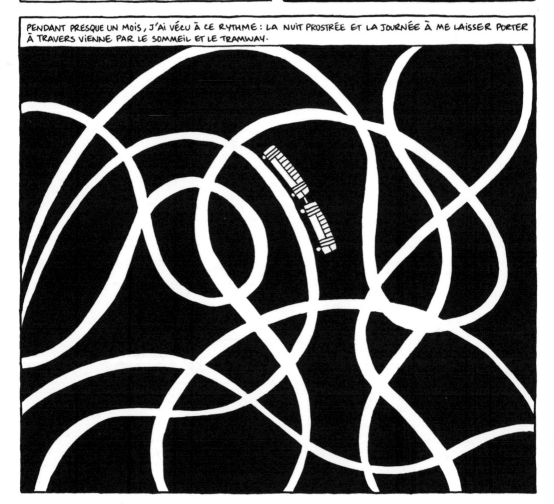

TRÈS VITE MES ÉCONOMIES S'ENVOLÈRENT. JE N'AVAIS PLUS UN ROND.

C'EST INCROYABLE COMME ON PEUT RAPIDEMENT PERDRE SA DIGNITÉ. JE ME SUIS RETROUVÉE À FUMER DES MÉGOTS,

À CHERCHER DE LA NOURRITURE DANS LES POUBELLES,

MOI QUI AUPARAVANT N'ARRIVAIS MÊME PAS À GOÛTER LE PLAT DES AUTRES.

BIENTÔT JE FUS RECONNUE ET VIRÉE DE TOUS LES TRAMS.

J'AI DONC DÛ TROUVER UN ENDROIT BIEN CACHÉ POUR DORMIR LE SOIR. LES NUITS DANS LA RUE POUVAIENT TOURNER TRÈS MAL POUR LA JEUNE FILLE QUE J'ÉTAIS.

JE N'AVAIS PERSONNE. TOUTE MON EXISTENCE ÉTAIT PLANIFIÉE AUTOUR DE MARKUS. C'EST SÛREMENT POUR CETTE RAISON QUE JE ME RETROUVAIS À ERRER AINSI.

IL ÉTAIT IMPENSABLE QUE JE RETOURNE VOIR ZOZO.

JE M'EN FICHE. NOTRE APPARTEMENT EST TROP PETIT.

NI INGRID.

TU NOUS AS TOUS LAISSÉS TOMBER POUR UN MEC QUI N'EN VALAIT MÊME PAS LA PEINE.

QUANT À FRAU DOKTOR HELLER, N'EN PARLONS PAS. ELLE REPRÉSENTAIT LE MAL ABSOLU À MES YEUX.

JE SUIS RESTÉE PLUS DE DEUX MOIS DANS LA RUE EN PLEIN HIVER.

KOUMF KOUMF

IL FAISAIT TRÈS FROID.

ROUFH KOF KOF

JE SUIS TOMBÉE MALADE.

KEUH KEUH

J'AI COMMENCÉ À TOUSSER UN PEU,

RRRM KREUH KOF

PUIS UN PEU PLUS,

MPF KKOF KOF

PUIS UN PEU PLUS FORT,

KROUMPF KROUF

MA TOUX DEVINT CONTINUE,

KRA KRA

JUSQU'À CRACHER DU SANG,

KOF REUH

ET POUR FINIR...

JE ME SUIS RÉVEILLÉE DANS UN HÔPITAL. J'ÉTAIS UNE MIRACULÉE . SI JE M'ÉTAIS ÉVANOUIE PENDANT LA NUIT, PERSONNE NE M'AURAIT REMARQUÉE ET LE FROID GLACIAL NE M'AURAIT SÛREMENT PAS PERMIS DE CONNAÎTRE MON DESTIN.

J'AVAIS CONNU UNE RÉVOLUTION QUI M'AVAIT FAIT PERDRE UNE PARTIE DE MA FAMILLE.

SOUFFLEZ, SOUFFLEZ

J'AVAIS SURVÉCU À UNE GUERRE QUI M'AVAIT ÉLOIGNÉE DE MON PAYS ET DE MES PARENTS...

PÉDALEZ LE PLUS VITE QUE VOUS POUVEZ.

... ET C'EST UNE BANALE HISTOIRE D'AMOUR QUI A FAILLI M'EMPORTER.

VOTRE BILAN DE SANTÉ EST SATISFAISANT. NOUS AVONS EFFECTUÉ UN CHECK-UP COMPLET.

VOILÀ, VOUS AVEZ FAIT PLUSIEURS BRONCHITES SANS VOUS SOIGNER. JE VOUS INTERDIT DE FUMER. UNE SEULE CIGARETTE ET VOUS VOUS METTEZ SÉRIEUSEMENT EN DANGER.

VOUS HABITEZ OÙ ?

EN IRAN

EN IRAN ?

OUI ENFIN, JE N'AI PAS VRAIMENT D'ADRESSE À VIENNE.

PRENEZ SOIN DE VOUS.

JE PEUX PASSER UN COUP DE FIL ?

JE M'ÉTAIS SOUDAIN RAPPELÉE DE CETTE CONVERSATION AVEC MA MÈRE.

TU SAIS, ZOZO ME DOIT TROIS MILLE SCHILLINGS. À L'OCCASION, SI TU EN AS LE COURAGE TU PEUX ALLER LES LUI RÉCLAMER.

JE VERRAI.

MÊME SI ÇA ME COÛTAIT D'APPELER ZOZO, JE N'AVAIS PAS LE CHOIX. IL NE ME RESTAIT MÊME PAS UN GROSCHEN.

D'ACCORD, JE VIENS CET APRÈS-MIDI.

L'HÔPITAL M'AVAIT DONNÉ DES VÊTEMENTS PROPRES. J'ÉTAIS PRÉSENTABLE.

BONJOUR

BONJOUR

DIS-DONC, TU AS GRANDI. OÙ TU ÉTAIS PASSÉE? TON ONCLE MASSOUD EST VENU D'ALLEMAGNE POUR TE CHERCHER.

MON ONCLE?

OUI, TON ONCLE! IL A REMUÉ CIEL ET TERRE POUR TE TROUVER.

TES PARENTS AUSSI. ILS M'ONT DÉJÀ APPELÉE DIX FOIS.

MES PARENTS?

BEN, QU'EST-CE QUE TU CROIS? QUE TU PEUX DISPARAÎTRE PENDANT TROIS MOIS SANS QU'ILS S'EN SOUCIENT?

S'ILS NE DEVAIENT PAS ATTENDRE QUATRE MOIS AVANT D'AVOIR UN VISA, ILS SERAIENT DÉJÀ LÀ.

DRING! DRING!

TIENS, VOILÀ LES TROIS MILLE SCHILLINGS, JE VAIS RÉPONDRE AU TÉLÉPHONE.

C'EST POUR TOI, C'EST TES PARENTS.

MES PARENTS?

UN AUTRE MIRACLE VENAIT DE SE PRODUIRE.

LA VOIX DE MON PÈRE ÉTAIT DOUCE ET REPOSANTE.

- PAPA C'EST TOI?

- MA CHÉRIE, NOUS T'AVONS CHERCHÉE PARTOUT.

- JE PEUX RENTRER?

- BIEN SÛR, MAIS QUELLE QUESTION!

- PAPA, PROMETS-MOI DE NE JAMAIS RIEN ME DEMANDER SUR CES TROIS MOIS.

- JE TE LE PROMETS... JE TE PASSE TA MÈRE.

LA VOIX DE MA MÈRE ÉTAIT TENDRE AUSSI.

- JE SUIS TRÈS HEUREUSE...

- MAMAN, JE T'EN PRIE, NE PLEURE PAS.

- CE SONT DES LARMES DE JOIE.

- MAMAN...

- ALLEZ RENTRE À LA MAISON MA CHÉRIE, NOUS T'ATTENDONS...

- MAMAN...

- PERSONNE NE TE POSERA AUCUNE QUESTION. C'EST PROMIS!

AVANT MON DÉPART, JE PASSAI CHEZ FRAU DOKTOR HELLER.

JE SUIS VENUE RÉCUPÉRER MES AFFAIRES.

LES VOILÀ !

OÙ EST LE RESTE?

IL N'Y A PAS DE RESTE. LE RESTE DÉDOMAGERA LA BROCHE QUE VOUS M'AVEZ VOLÉE.

JE N'AI RIEN RÉPONDU. DE TOUTE FAÇON, JE NE POUVAIS PAS RAMENER AVEC MOI QUATRE ANS DE MA VIE.

J'AI TROUVÉ UN HÔTEL PAS CHER. J'AVAIS CINQ JOURS DEVANT MOI AVANT LE PROCHAIN VOL POUR TÉHÉRAN.

HÔTEL TU IP

JE RETROUVAI ENFIN UN LIEU PRIVÉ, UNE INTIMITÉ.

MALGRÉ L'ORDRE DU MÉDECIN, JE M'ACHETAI QUELQUES CARTOUCHES DE CIGARETTES.

VOUS VOUS METTEZ SÉRIEUSEMENT EN DANGER...

JE PENSE QUE JE PRÉFÉRAIS ME METTRE SÉRIEUSEMENT EN DANGER PLUTÔT QUE D'AFFRONTER MA HONTE. LA HONTE DE NE PAS ÊTRE DEVENUE QUELQU'UN, LA HONTE DE NE PAS AVOIR RENDU MES PARENTS FIERS APRÈS TOUS LES SACRIFICES QU'ILS AVAIENT FAITS POUR MOI. LA HONTE D'ÊTRE DEVENUE UNE NIHILISTE MÉDIOCRE.

LES CINQS JOURS PASSÈRENT COMME DU VENT ET LES CIGARETTES N'EURENT PAS RAISON DE MOI. JE M'HABILLAI,

JE REPRIS MES AFFAIRES...

... JE REMIS MON FOULARD...

...ET TANT PIS POUR MES LIBERTÉS INDIVIDUELLES ET SOCIALES...

...J'AVAIS TELLEMENT BESOIN DE RENTRER CHEZ MOI.

À MES PARENTS
QUI ONT EU L'INTELLIGENCE ET
LE COURAGE DE TENIR LEUR
PROMESSE ET DE NE JAMAIS
M'AVOIR POSÉ DE QUESTIONS
SUR CETTE PÉRIODE.

Trente-Huitième Volume de la Collection Ciboulette,
PERSEPOLIS, Volume 3, de Marjane Satrapi,
a été achevé de réimprimer en mai 2007
sur les presses de l'imprimerie Grafiche Milani, Italie.
Dépôt légal troisième trimestre 2002.
Septième édition. ISBN 978-2-84414-104-0.
© L'Association , *16 rue de la Pierre-Levée,*
75011 Paris. Tél. 01 43 55 85 87,
Fax 01 43 55 86 21.